L'anarchie culinaire
selon
Bob
Le Chef
LA REVANCHE

L'anarchie culinaire selon Bob

Le Chef

LA REVANCHE

LES ÉDITIONS
LA PRESSE

L'anarchie culinaire selon Bob Le Chef
La revanche

Catalogage avant publication de Bibliothèque
et Archives nationales du Québec et Bibliothèque
et Archives Canada

Bob, le Chef
L'anarchie culinaire selon Bob le Chef : la revanche

Comprend un index.
ISBN 978-2-923681-54-2

1. Cuisine rapide.
2. Cuisine économique. I. Titre.
TX833.5.B622 2010 641.5'12 C2010-942009-8

Directrice de l'édition
Martine Pelletier

Éditrice déléguée
Sylvie Latour

Rédacteur en chef
Alexis Brault-Tremblay

Photographe
Daniel Mathieu

Conception graphique
Yanick Nolet

Révision
Anne L. Desjardins

Assistante de production
Mathilde Pigeon-Bourque

L'éditeur bénéficie du soutien de la Société de développement des entreprises culturelles du Québec (SODEC) pour son programme d'édition et ses activités de promotion.

L'éditeur remercie le gouvernement du Québec de l'aide financière accordée à l'édition de cet ouvrage par l'entremise du Programme de crédit d'impôt pour l'édition de livres, administré par la SODEC.

L'éditeur reconnaît l'aide financière du gouvernement du Canada par l'entremise du Programme d'aide au développement de l'industrie de l'édition (PADIÉ) pour ses activités d'édition.

Dépôt légal – 4e trimestre
ISBN 978-2-923681-54-2

Imprimé et relié au Canada

LES ÉDITIONS LA PRESSE

Président
André Provencher

Les Éditions La Presse
7, rue St-Jacques
Montréal (Québec)
H2Y 1K9

Pelican

À table

Préface

Par Igor Brotto

Robert « appelle-moi Bob » Penny était un jeune qui réussissait à se faire remarquer à l'intérieur d'un groupe d'aspirants cuisiniers, pas encore pour ses talents culinaires, mais bien pour sa personnalité, son sens de l'humour et sa façon d'être.

Aux yeux d'un professeur débutant qui essayait de montrer la discipline et la rigueur souhaitables en cuisine professionnelle, il représentait tout un défi.

Pour quelqu'un qui croit profondément que la réussite en cuisine passe aussi par la passion qu'on entretient pour le métier, je pense pouvoir affirmer que Bob était déjà quelqu'un qui vivait ses passions et la cuisine devenait pour lui une façon de s'exprimer.

Je crois que Bob a eu l'intelligence de s'approprier les techniques et les gestes propres au métier et, sans dénaturer sa personnalité, présenter la cuisine de façon très accrochante pour les jeunes en leur donnant, du même coup, des notions de base dans un contexte convivial et décontracté.

On dit souvent qu'il faut stimuler l'intérêt des gens et Bob, à sa façon, ne laisse personne indifférent.

Igor Brotto
Professeur de cuisine italienne à l'ITHQ

Introduction

LA REVANCHE

Ce second tome de *L'anarchie culinaire* n'est pas une vengeance gourmande.Il ne se veut ni une réplique ni l'instigateur d'une vendetta gastronomique. Il ne s'agit pas d'un appel à l'insurrection et loin de moi la prétention de révolutionner la cuisine. En revanche, c'est ma façon de tenter d'obtenir ton attention pour t'inviter à te l'approprier de nouveau. Une riposte à la bonne franquette qui te convie à cuisiner en toute simplicité, avec les moyens du bord et sans te ruiner.

Qu'on cuisine avec une toque de chef dans un grand restaurant, un filet sur la tête dans une chaîne d'hôtels, une casquette sur Internet, ou en bobettes dans son 3 et demi, ça reste la même chose. On coupe, on apprête, on cuit, on assaisonne...

On pourrait disserter sur l'épousailles des saveurs pendant des heures. Sublimer le goût sans bout. Vanter les vertus d'ingrédients venus de contrées lointaines... Mais on pourrait aussi dire que réussir un repas, c'est comme agencer les couleurs de ta casquette avec tes *sneakers*. L'un est-il une considération plus noble que l'autre ? À toi de décider. J'aime penser que c'est seulement en s'y intéressant qu'on peut comprendre la subtilité d'une chose. Et j'ajouterai que c'est uniquement en se l'appropriant qu'on peut la développer.

L'appétit vient en mangeant

Quand je me suis inscris à l'Institut de tourisme et d'hôtellerie du Québec (ITHQ) à la fin de mon adolescence, ce n'était pas parce que je voulais faire plaisir à mes parents ni parce que je voulais rencontrer des filles (j'aurais choisi les communications à l'université). Je n'aspirais pas à devenir un grand chef ou une vedette, et je n'étais pas sur la route d'une vocation divine pour la cuisine.

C'était d'abord par nécessité. Parce que pour vivre, il faut travailler. Étant donné que j'avais déjà un peu d'expérience dans le milieu, je me suis dit qu'il ne serait pas bête de me perfectionner. C'était sans doute aussi pour donner un peu de structure à ma vie qui n'en n'avait pas beaucoup à l'époque, et que j'avais déjà compris que pour faire tomber une cocotte, il n'y avait rien de mieux que la popote.

C'est au fil des rencontres que j'ai faites dans le milieu de la restauration, la découverte du style de vie qui lui est propre et des expériences que j'ai vécues grâce à la cuisine, que le métier s'est transformé en véritable passion. Si par l'entremise de ce livre j'arrive à te la transmettre tant mieux, si une affinité existe déjà, partageons-la.

Les recettes de ce livre sont autant de bases que je t'invite à essayer, mais surtout à t'approprier et à modifier selon tes propres intentions et ta personnalité.

Vive la cuisine libre!

Robert James Penny alias Bob le Chef

Suisse
CASA
BENFEITO

Suisse
Super Marché
CASA
BENFEITO

Pas d'Hydro, pas de problème

Ou comment cuisiner sans cuisson et très peu de vaisselle.

Que ce soit parce que ton coloc a oublié de payer la facture d'électricité ou que tu es pris au beau milieu de nulle part, c'est toujours pratique de savoir cuisiner sans source de chaleur. Parce qu'on n'a pas nécessairement besoin d'un four pour faire un repas 5 services, ce chapitre propose quelques-unes de mes recettes favorites, réalisées avec des techniques classiques, qui rendent même l'invention du feu obsolète.

Tartares

Le tartare est une préparation de viande ou de poisson cru. Les plus communs sont: au bœuf, au saumon, au thon (profites-en parce qu'il est en voie de disparition) ou au gibier (bison, cerf et autres viandes sauvages). La principale caractéristique qu'on recherche quand on cuisine du tartare est la fraîcheur. Assure-toi d'acheter ton poisson ou ta viande chez un épicier en qui tu as confiance.

Pour 250 g (1/2 lb) de ton espèce vivante crue préférée (sauf la volaille, car tu pourrais t'empoisonner!)

La méthode est la même pour toutes les préparations.

Couper la viande ou le poisson en dés de 5 mm (0,2 po).

Dans un bol, mélanger les ingrédients un à un dans l'ordre indiqué.

Lorsqu'on fait un tartare, on commence toujours par ajouter l'huile en premier afin d'éviter que le sel, le jus de citron et l'alcool ne cuisent notre viande ou notre poisson.

Le classique

- 25 ml (5 c. à thé) d'huile d'olive ou végétale
- sel, poivre au goût
- 25 ml (5 c. à thé) de jus de citron
- 1 échalote verte ou grise ciselée
- 25 ml (5 c. à thé) de câpres

Servir avec des biscottes.

À l'américaine

- 50 ml (3 c. à soupe + 1 c. à thé) de mayonnaise
- 30 ml (2 c. à soupe) de bacon cuit émietté
- 5 ml (1 c. à thé) de relish
- 5 ml (1 c. à thé) de ketchup

Servir sur un pain à hot dog.

Tartares

À la française

25 ml (5 c. à thé) d'huile d'olive ou végétale

sel, poivre au goût

5 ml (1 c. à thé) de moutarde forte

3 petits cornichons sucrés hachés

25 ml (5 c. à thé) d'échalote grise ciselée

5 ml (1 c. à thé) de persil haché

1 jaune d'œuf

Servir avec de la baguette tranchée.

À la russe

25 ml (5 c. à thé) d'huile d'olive ou végétale

sel, poivre au goût

25 ml (5 c. à thé) de vodka

25 ml (5 c. à thé) de jus de lime

5 ml (1 c. à thé) de ciboulette ciselée

25 ml (5 c. à thé) d'échalote grise ciselée

**Servir avec des chips
de pomme de terre.**

Pelican

Tartares

À la mexicaine

25 ml (5 c. à thé) d'huile d'olive ou végétale

sel, poivre au goût

25 ml (5 c. à thé) de jus de citron

10 ml (2 c. à thé) de téquila

1 pincée de piment fort broyé

5 à 10 feuilles de coriandre hachée

30 ml (2 c. à soupe) de chips de maïs écrasées

Servir avec des tortillas grillées.

Gravlax

Le gravlax est une façon de cuire les aliments dans du sel. Cette technique date de plusieurs centaines d'années et a été développée en Scandinavie afin de conserver le poisson. Cette méthode est aussi efficace pour apprêter la viande.

Pour 200 g (7 oz) de saumon :

- 250 ml (1 tasse) de gros sel
- 250 ml (1 tasse) de sucre blanc
- 7,5 ml (1,5 c. à thé) de vodka
- Quelques feuilles d'aneth frais (facultatif)
- 1 dose de patience

Dans un bol, mélanger le sel, le sucre et la vodka.

Dans un plat fermant hermétiquement, verser le mélange sur le saumon et mettre au frigo (ou dans un banc de neige) de 24 à 36 heures.

Couper en fines tranches et servir sur un croûton avec du fromage à la crème.

Le gravlax de saumon est le plus classique, mais on peut aussi en faire avec pratiquement n'importe quelle espèce de poisson.

Ceviche

T'as pas nécessairement besoin de source de chaleur pour cuire un aliment. En laissant mariner du poisson dans du jus d'agrumes, il cuit.

Pour 500 g (1 lb) de poisson frais à chair blanche, tel que de la sole, du tilapia, ou même des crevettes et des pétoncles :

- 60 ml (1/4 tasse) de jus d'orange
- 125 ml (1/2 tasse) de jus de citron
- 1 échalote ciselée
- 1/2 oignon coupé en fines tranches
- sel, poivre au goût

Couper le poisson en tranches minces.

Disposer dans une assiette et le garnir avec l'oignon et l'échalote.

Verser le jus d'agrumes.

Laisser mariner de 30 à 45 minutes.

Assaisonner le tout et servir avec un peu de marinade.

Plus le morceau de poisson est épais, plus il est long à cuire. On pourrait aussi ajouter des fines herbes à la fin de la préparation, comme du thym, du basilic ou de la menthe fraîche. Aussi, n'hésite pas à remplacer le jus d'orange par du jus de pamplemousse.

Salade de fruits

Y'a certains fruits et légumes en conserve qui peuvent être pratiques à avoir sous la main pour se concocter des recettes sur le pouce. Mais pas de la salade de fruits...

Pour un boost d'énergie matin, midi, soir ou en pleine nuit :

1/2 cantaloup épluché et coupé en cubes

1/2 ananas épluché et coupé en cubes

4 kiwis épluchés et coupés en cubes

1 douzaine de fraises coupées en 2

1 douzaine de raisins rouges ou verts

1 verre de mousseux

125 ml (1/2 tasse) de sucre blanc

1 dizaine de feuilles de menthe ciselées (facultatif)

Dans un grand bol, mélanger tous les ingrédients et servir dans une coupe, pour plus d'effet.

Évidemment, on peut faire une salade avec n'importe quelle combinaison de fruits, mais essaie d'éviter les fruits qui s'oxydent (brunissent) rapidement, tels que les pommes, les poires, les bananes. Sinon, mange vite ta salade.

Salade tomates et bocconcini

Techniquement, cette recette classique italienne est une salade de fruits à la mozzarella... Mais, comme ça ne sonne pas très appétissant, on a préféré garder le nom des ingrédients tels quels.

Pour un mariage de saveurs digne d'une noce italienne :

- 1 douzaine de tomates cerises coupées en 2
- 4 boules de fromage bocconcini tranchées en 4 (environ 120 g ou 4 oz)
- 75 ml (5 c. à soupe) d'huile d'olive
- 25 ml (5 c. à thé) de vinaigre balsamique
- sel, poivre au goût

Dans un bol, déposer les tomates et le fromage.

Verser l'huile en premier pour éviter de tacher le fromage.

Poursuivre avec le vinaigre balsamique.

Assaisonner et servir.

Pour encore plus de fraîcheur, on pourrait aussi ajouter des feuilles de basilic finement ciselées ou, encore mieux, 15 ml (1 c. à soupe) de pesto.

Salade mexicaine

Du Nunavut à la Terre de feu, vive le libre-échange !

Que tu sois au sud ou au nord de la frontière, t'auras besoin de :

1 conserve de fèves noires
1 conserve de maïs en grains
25 ml (5 c. à thé) de jus de lime ou de citron
75 ml (5 c. à soupe) d'huile d'olive ou végétale
1 tomate coupée en quartiers
1 dizaine de feuilles de coriandre (facultatif)
sel, poivre au goût

Égoutter et rincer la canne de fèves.

Égoutter la canne de maïs et mélanger aux fèves avec le jus de citron et l'huile.

Placer dans une assiette avec les quartiers de tomates.

Décorer avec la coriandre, assaisonner et servir.

Pour rendre le tout un peu plus épicé, on pourrait ajouter quelques gouttes de sauce Tabasco ou un peu de piment chili broyé. Côté quantité, si tes invités ont les larmes aux yeux, soit que c'est trop bon, soit que tu en as trop mis.

Salade d'avocat au crabe

Si tu manges du crabe des neiges en compagnie de ton avocat, ça va te coûter cher en honoraires et pour régler l'addition..., mais pas cette recette.

Pour un snack digne d'un dîner d'affaires :

- 2 avocats pas trop durs ni trop mûrs
- 250 ml (1 tasse) de chair de crabe en conserve
- 50 ml (3 c. à soupe + 1 c. à thé) de mayonnaise maison
- 1 échalote ciselée
- Le jus de 1/2 citron
- sel, poivre au goût

Avec un couteau, couper l'avocat sur la longueur, l'ouvrir en 2 délicatement et retirer le noyau.

Frotter chaque moitié d'avocat avec un citron ou du jus de citron, afin qu'elle ne s'oxyde (brunisse) pas.

Dans un bol, mélanger le crabe, la mayo et l'échalote.

Farcir l'avocat.

Assaisonner et servir.

S'il est très mûr, on pourrait aussi couper l'avocat en morceaux et l'ajouter au mélange de crabe pour en faire une gibelotte un peu moins présentable, mais tout aussi délicieuse.

Salade 2 cœurs

J'ai eu tellement de succès avec ma salade 3 conserves dans mon premier livre que j'ai décidé de t'en montrer une avec seulement 2.

Pour un rockeur et un pirate qui s'appellent Pierre :

- 1 boîte de 398 ml (14 oz) ml de cœurs de palmier
- 1 boîte de 398 ml (14 oz) ml de cœurs d'artichaut
- 25 ml (5 c. à thé) de jus de citron
- 75 ml (5 c. à soupe) d'huile d'olive ou végétale
- 5 feuilles de basilic ciselées (facultatif)
- sel, poivre au goût

Trancher les cœurs de palmier en rondelles.

Dans un bol, mélanger les cœurs de palmier, les cœurs d'artichauts, le jus de citron et l'huile.

Assaisonner et servir seul ou en accompagnement avec viandes, poissons ou fruits de mer.

On pourrait remplacer le jus de citron par du vinaigre de vin blanc ou balsamique. Pour les journées chaudes, remplacer le basilic par des feuilles de menthe, c'est rafraîchissant.

L'anarchie culinaire selon Bob Le Chef LA REVANCHE

Soupe froide de maïs

Le maïs est l'une des céréales les plus répandues au monde et sert à faire à peu près tout. Du carburant aux piles, en passant par les boissons gazéifiées, le dentifrice et le dé tergent, jusqu'aux antibiotiques et les crèmes de beauté... Pourtant, au Québec, à part en épi ou dans le pâté chinois, on le cuisine rarement.

Pour faire changement de la classique épluchette de blé d'Inde estivale :

- 1 boîte de 398ml (14 oz) de maïs en grains
- 1 gousse d'ail hachée
- 1/2 oignon ciselé
- 125 ml (1/2 tasse) d'eau
- 50 ml (3 c. à soupe + 1 c. à thé) d'huile végétale ou d'huile d'olive
- 2 échalotes ciselées
- 60 ml (1/4 tasse) de crème sûre
- sel, poivre au goût

Dans un bol, déposer le maïs, l'ail, l'oignon, l'eau et l'huile et réduire en purée lisse à l'aide d'un mélangeur à main.

Assaisonner et servir dans des bols froids, avec la crème sûre et les échalotes en garniture.

Afin de donner une touche amérindienne à ta soupe, tu peux lui ajouter un peu de sirop d'érable.

Soupe froide d'avocat

Si tu te retrouves dans la soupe chaude, un bon avocat, c'est toujours pratique.

Pour bien plaider ta cause à l'heure du repas :

- 2 avocats mûrs sans pelure ni noyau
- 125 ml (1/2 tasse) de crème 35 %
- 125 ml (1/2 tasse) de lait
- 15 ml (1 c. à soupe) de moutarde forte
- 30 ml (2 c. à soupe) de crème sure
- 1 échalote ciselée
- sel, poivre au goût

Dans un bol, déposer les avocats, la crème, le lait et la moutarde et réduire en purée lisse à l'aide d'un mélangeur à main.

Assaisonner et servir dans des bols froids, avec la crème sure en garniture.

Si tu surveilles ta ligne, tu peux aussi remplacer la crème sure par du yogourt.

Soupe froide de fraise et champagne

Bien que froide, cette soupe pourrait réchauffer l'ambiance, si consommée en bonne compagnie.

Pour se « paqueter » la fraise avec classe :

- 1 casseau de fraises équeutées et coupées en 4
- 200 ml (3/4 tasse) de champagne ou de mousseux
- 2,5 ml (1/2 c. à thé) de vanille
- 6 feuilles de menthe ciselée
- 50 ml (3 c. à soupe + 1 c. à thé) de crème fouettée
- sel, poivre au goût

Dans un bol, déposer les fraises, le champagne et la vanille, puis réduire en purée lisse à l'aide d'un mélangeur à main.

Ajouter les feuilles de menthe et mélanger.

Assaisonner et servir dans des bols froids ou des flûtes à champagne garnies de crème fouettée.

Je ne le répéterai jamais assez : vaut mieux boire du bon mousseux que du mauvais champagne.

BRUT

Soupe froide de concombre

Rien de tel qu'un bon bol de soupe en pleine canicule !

Pour remplir 4 speedos et impressionner les filles à la plage :

- 4 concombres épluchés et coupés en morceaux
- 60 ml (1/4 tasse) de vinaigre de vin blanc
- 1 gousse d'ail hachée
- 60 ml (1/4 tasse) de yogourt nature
- quelques feuilles d'aneth (facultatif)
- sel, poivre au goût

Déposer le concombre, le vinaigre blanc et l'ail dans un bol et broyer à l'aide d'un mélangeur à main.

Assaisonner et servir dans des bols froids avec une touche de yogourt et des feuilles d'aneth en décoration.

Si tu as 18 ans et plus et que tu veux donner du « punch » à ta soupe, ajoutes-y une larme de gin. Le goût du gin et du concombre se marient bien.

L'anarchie culinaire selon Le Chef Bob LA REVANCHE

Soft Tanned Steerhide
15
Cooper

Guédilles à la goberge

La guédille est au pêcheur gaspésien ce que les hot dogs sont aux stades de baseball, moins les stéroïdes.

Pour 4 chiens chauds non séparés mécaniquement :

- 4 pains à hot dogs
- 250 g (8 oz) de goberge
- 50 ml (3 c. à soupe + 1 c. à thé) de mayonnaise
- 1 échalote verte ciselée
- 1/4 de pomme de laitue Boston coupée finement
- le jus de 1 citron
- sel, poivre au goût

Dans un bol, mélanger tous les ingrédients.

Griller les pains.

Garnir les pains avec le mélange et servir.

Cette recette est encore meilleure avec de la goberge fraîchement pêchée... Mais on pourrait aussi la remplacer par du poulet, du homard, du crabe ou même des crevettes.

Gâteau au fromage sans cuisson

Si tu as de la difficulté à faire lever tes gâteaux au four, essaie celui-là, tu ne peux pas le manquer.

Pour un dessert sans cuisson, qui est clairement mieux qu'une tartinade à la cassonade:

La croûte

250 ml (1 tasse) de biscuits Graham écrasés (on peut en acheter déjà émiettés à l'épicerie ou se défouler en les émiettant soi-même)

60 ml (4 c. à soupe) de beurre fondu

60 ml (1/4 tasse) de sucre

La pâte

500 g (16 oz) de fromage à la crème

250 ml (1 tasse) de sucre en poudre

250 ml (1 tasse) de crème 35 %

200 g (7 oz) de chocolat fondu

Mélanger les ingrédients de la croûte et en tapisser le fond d'un moule à gâteau à charnières de 20 cm (9 po) et réfrigérer pendant 1 heure.

Dans un bol, mélanger le fromage avec le sucre et la crème.

Fondre le chocolat au bain-marie et le mélanger au fromage.

Verser ce mélange sur la croûte et réfrigérer pendant 6 à 8 heures.

Servir nature ou avec des fruits frais.

Pour donner un look marbré à ton gâteau, évite de trop mélanger le chocolat dans l'appareil de fromage.

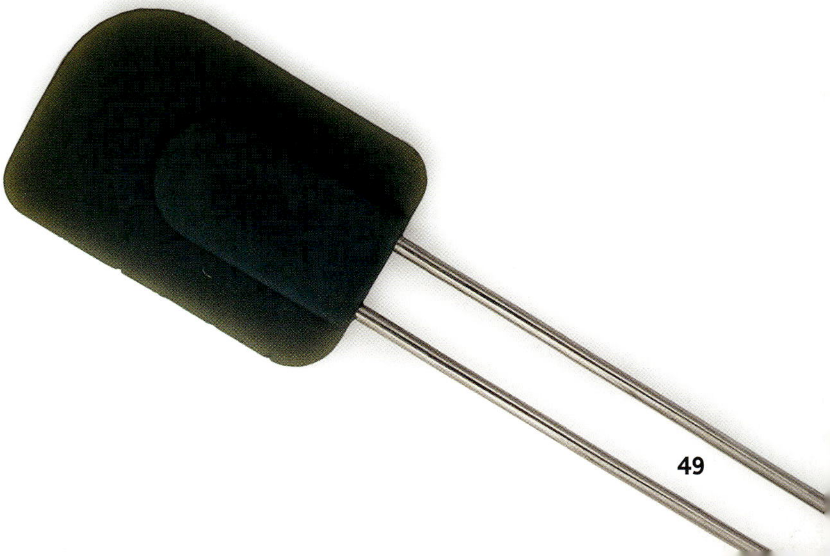

Grille-toi z'en un

Tasse-toé mononcle !

Du fond des bois aux patios de banlieue en passant par les parcs de la ville, on aime tous se retrouver autour d'un bon BARBECUE. C'est effectivement un excellent prétexte pour festoyer. Pourtant, on manque souvent d'imagination quand vient le temps de cuisiner au gril. Les hot dogs et les burgers c'est ben le fun, mais ça devient redondant rendu au mois d'août.

Le manifeste du gril de Bob le Chef

1. De gaz propane ou de briquettes je m'assurerai de ne pas manquer avant de commencer.
2. Bien brossé mon gril sera.
3. Le gril, je ne huilerai pas.
4. Sur un gril très chaud, la viande et le poisson je saisirai.
5. Si elle colle, cuite à point la viande n'est pas.
6. La viande, ne retournerai qu'une seule fois.
7. Sur mes galettes de burger, de pression je n'exercerai guère.
8. Au menu, fruits et légumes je n'omettrai pas.
9. Mes pains, je tenterai d'éviter de brûler.
10. Une boisson rafraîchissante j'aurai toujours à portée de main.

LA REVANCHE

Les brochettes

Philosophie culinaire 101: d'après vous, lequel a été inventé en premier: la brochette ou le BARBECUE? Qu'importe, on peut faire des brochettes avec à peu près toutes les sortes de viandes, de poissons, de fruits et de légumes. L'important, c'est de faire des mariages judicieux, qui sont évidemment basés sur le goût, mais aussi sur les temps de cuisson respectifs des ingrédients. Voici quelques-uns de mes agencements préférés:

N'hésite pas à faire tes propres expériences! Si tu utilises des brochettes en bois, n'oublie pas de les faire tremper dans l'eau avant d'enfiler les ingrédients, sinon tes piques vont brûler.

Porc
Pomme
Champignon
Poivron
Poulet
Mangue

Légumes en papillote

De loin la technique la plus populaire sur le BARBECUE, la papillote consiste à cuire à même le gril ou la braise des aliments emballés dans du papier d'aluminium. Bien qu'on ait surtout l'habitude de le faire avec des patates et des oignons, on peut cuisiner à peu près tout avec cette technique.

Pour sortir de la routine :

1 ou plusieurs de tes légumes préférés ou en saison (la technique est semblable, de toute façon)
75 ml (5 c. à soupe) d'huile végétale
5 ml (1 c. à thé) de beurre
sel, poivre au goût

Couper les légumes en cubes de la même grosseur (c'est important pour que la cuisson soit uniforme).

Les déposer sur le papier d'aluminium.

Verser un peu d'huile et assaisonner.

Déposer une noix de beurre sur le côté de la papillote qu'on grillera en dernier et mettre sur le gril (ça évite que le beurre ne brûle).

Le temps de cuisson varie selon les légumes et la grosseur de la coupe.

Pommes de terre coupées en cubes de 2 cm (3/4 po) - 15 à 20 minutes.

Betteraves coupées en cubes de 2 cm (3/4 po) - 15 à 20 minutes.

Champignons blancs tranchés - 6 à 10 minutes.

Courgettes en rondelles - 6 à 10 minutes.

Brocoli ou chou-fleur - 8 à 10 minutes.

Carottes en rondelles - 12 à 15 minutes.

Si tu mélanges des légumes dans la même papillote, assure-toi de mettre ceux avec le plus long temps de cuisson en dessous et les plus rapides au-dessus. Essaie aussi en ajoutant un peu de crème à cuisson et/ou du fromage. Le résultat est débile !

Fruits en papillote

On oublie trop souvent que les fruits aussi se cuisinent sur le BBQ. Essaie-le une fois et tu ne pourras plus t'en passer au dessert.

Pour rendre ton BBQ un peu moins vedge :

1 pomme, poire, pêche, ananas ou mangue
125 ml (1/2 tasse) de sucre
1 c. à soupe (15 g) de beurre

Couper le fruit en cubes de la même grosseur (c'est important pour que la cuisson soit uniforme).

Déposer sur le papier d'aluminium.

Saupoudrer de sucre et ajouter le beurre sur le côté de la papillote qu'on grillera en dernier (ça évite que le beurre ne brûle).

Cuire sur le BBQ environ 6 minutes.

On peut servir les fruits tels quels ou encore mieux, en accompagnement avec du gâteau ou de la crème glacée.

Poisson en papillote

Pour ceux qui ne sont pas à l'aise de cuire du poisson à même le gril, chose qui peut effectivement s'avérer désastreuse si on s'y prend mal, la technique de la papillote est infaillible.

Pour garder toute la saveur à l'intérieur:

- 375 g (12 oz) de tilapia ou de ton poisson préféré
- 75 ml (5 c. à soupe) d'huile végétale
- 6 tomates cerises coupées en 2
- 1 oignon coupé en demi-rondelles
- 1 échalote ciselée
- 25 ml (5 c. à thé) de vinaigre balsamique
- 5 ml (1 c. à thé) de beurre
- sel, poivre au goût

Badigeonner le poisson d'huile végétale de chaque côté et assaisonner.

Déposer sur une feuille de papier d'aluminium.

Couvrir le poisson avec les tomates, l'oignon, l'échalote et le vinaigre.

Mettre une noix de beurre du côté de la papillote qui sera grillé en dernier (ça évite que le beurre ne brûle).

Cuire sur le gril de 8 à 10 minutes.

Pas besoin de citron ou de jus de citron dans cette recette en papillote, car les tomates et le vinaigre donneront le goût acidulé qu'on recherche avec le poisson.

Moules en papillote

Après avoir goûté aux moules sur le BARBECUE, tu ne voudras plus en bouffer si elles sortent de la casserole.

Pour épater tes convives à l'occasion de ton prochain *garden-party*:

- une douzaine de moules par papillote
- 75 ml (5 c. à soupe) de vin blanc ou de bière
- 100 ml (1/3 tasse) de crème 35 %
- 1 échalote ciselée
- sel, poivre au goût

Déposer les moules en plein centre d'un grand morceau de papier d'aluminium.

Verser le vin et la crème.

Fermer la papillote en formant un baluchon, c'est-à-dire de ne pas l'emballer trop serré, afin que les moules puissent ouvrir.

Cuire sur le gril 10 minutes environ.

Quand les moules sont toutes ouvertes, c'est prêt!

Servir à même la papillote et utiliser une coquille vide en guise de pince pour déloger les mollusques de leur coquille.

Tu peux ajouter des épices ou des herbes de ton choix, tels que cumin, poudre de cari, thym ou romarin. N'hésite pas à remplacer la crème par de la sauce tomate; tu obtiendras ainsi des moules marinara.

VANS®
OFF THE WALL
QUALITY CRAFTED
ENGINEERED CLASSICS

Maïs sur le gril

Avant l'invention du chaudron, on cuisait le maïs directement sur le feu. Il y a d'ailleurs fort à parier que c'est ainsi qu'on a découvert le *pop-corn*...

Pour faire une épluchette sans eau bouillante :

- 6 épis de maïs non épluchés
- 125 ml (1/2 tasse) de beurre mou
- sel, poivre

Mouiller l'épi dans l'eau et le déposer directement sur le barbecue, sans l'éplucher.

Cuire environ 20 minutes.

Éplucher les épis (attention, ça va être chaud !) et servir avec le beurre et les assaisonnements.

En le grillant, le maïs conserve davantage sa saveur que si on le faisait bouillir. S'il colore légèrement ou qu'il brûle un peu, c'est délicieux quand même.

La grillade du végétarien

Parce que barbecue ne doit pas nécessairement rimer avec viande...

Pour un repas complet de végétarien ou en guise d'accompagnement pour les carnivores :

- 3 tranches d'aubergines d'environ 1 cm (1/2 po) d'épaisseur
- 1 gros champignon à griller (genre portobello)
- 3 asperges
- 1 poivron de la couleur de ton choix
- 100 ml (7 c. à soupe) d'huile d'olive ou végétale
- 50 ml (3 c. à soupe + 1 c. à thé) de vinaigre balsamique
- sel, poivre au goût

Déposer les légumes sur le gril chaud et les cuire environ 2 minutes de chaque côté en ne les retournant qu'une seule fois.

À la sortie du gril, disposer dans l'assiette et verser un filet d'huile et de vinaigre balsamique dessus.

L'avantage de cette combinaison de légumes, c'est qu'ils cuisent tous à la même vitesse. Si tes invités ne sont pas végétariens à l'extrême, agrémente le tout de fines tranches de fromage. Ajoute des pains burger dans le *mix* et imagine la suite...

Cuisses de grenouille marinées

On oublie trop souvent de cuisiner des grenouilles au Québec. Je ne sais trop si c'est à cause d'un vieux traumatisme, mais une chose est certaine, les cuisses de grenouille sont peu chères, on les retrouve dans toutes les épiceries, leur goût ressemble à celui du poulet, mais contient presque 3 fois moins de gras. Si tu en cuisines sur le bord d'un lac et que les ouaouarons arrêtent de chanter, ne te demande pas pourquoi...

Pour un souper festif du 1er juillet :

Une douzaine de cuisses de grenouille
125 ml (1/2 tasse) de bière
5 ml (1 c. à thé) de sauce soya
125 ml (1/2 tasse) d'huile végétale
le jus de 1 citron
sel, poivre au goût

Dans un bol, mélanger le bière, la sauce soya, l'huile et le jus de citron.

Déposer les cuisses dans la marinade et laisser reposer au moins 1 heure au frigo.

Retirer de la marinade, éponger légèrement les cuisses et cuire environ 2 minutes de chaque côté, en les retournant une seule fois.

Assaisonner et servir avec du jus de citron et de la sauce tartare (voir Sauces et condiments, page 180).

Je le répète, je marine rarement mes grillades, car ça les carbonise, mais dans le cas des cuisses de grenouille, la cuisson est si rapide que ça va juste leur donner la coloration désirée.

Déjeuner sur le gril

Quand on travaille à 7 heures le matin, c'est pas super pratique de partir le gril pour se faire à déjeuner. J'en conviens. Mais, en camping, c'est une façon de commencer la journée que je recommande fortement.

Pour 2 campeurs urbains:

- 2 gros champignons portobello
- 2 œufs
- 2 tranches de jambon cuit
- 125 ml (1/2 tasse) de fromage mozzarella
- sel, poivre au goût

Enlever le pied et les lamelles de chaque champignon à l'aide d'un couteau.

Dans un bol, mélanger les œufs avec le jambon.

Verser un peu de cet appareil dans chacun des champignons.

Recouvrir chaque champignon de fromage.

Cuire environ 6 minutes sur un gril couvert, à température moyenne.

Servir avec des brochettes de fruits.

Si tu cuisines cette recette dans le bois, fais attention. Ça va sentir tellement bon que ça pourrait attirer les ours qui se sont levés en retard et qui n'ont pas eu le temps de déjeuner avant de sortir de leur grotte ce matin-là.

Poulet grillé à la mangue

Quand on cuisine de la viande avec des fruits, ça la rend un peu plus juteuse et ça nous évite de faire une sauce. D'après toi, qu'est-ce qui est mieux pour la santé, cuisiner du poulet avec de la mangue ou un vulgaire sachet de sauce en poudre ?

Pour un bronzage tropical, avec de belles lignes de bikini :

2 poitrines de poulet
1 mangue
sel, poivre au goût

À l'aide d'un couteau bien aiguisé, ouvrir la poitrine sur le sens de la largeur (en papillon).

Éplucher la mangue et la couper en bâtonnets, en évitant le noyau et les filaments qui sont autour.

Farcir la poitrine avec la mangue.

Rouler la poitrine et la piquer avec un cure-dents mouillé afin qu'elle garde sa forme durant la cuisson (on mouille le cure-dent pour ne pas qu'il brûle).

Cuire sur le barbecue environ 20 minutes.

Bien que j'aie toujours été un fan de la combinaison du poulet et de la mangue, essaie aussi cette recette avec du filet de porc et des tranches de pommes.

Côtelettes de porc à la bière

J'adore les côtes levées sur le barbecue, mais je préfère utiliser des côtelettes de porc, car leur temps de préparation est moindre et on obtient sensiblement le même bon goût.

Pour une leçon d'arithmétique culinaire : barbecue + bière + cochon = soirée parfaite

2 côtes de porc
125 ml (1/2 tasse) de bière
1/2 oignon ciselé
125 ml (1/2 tasse) de cassonade
15 ml (1 c. à soupe) de moutarde
sel, poivre au goût

Mariner la viande dans un plat contenant la bière, l'oignon et la cassonade pendant au moins 1 heure (plus longtemps la viande marine, plus goûteuse elle sera).

Retirer les côtelettes de la marinade, assaisonner et griller environ 3 minutes de chaque côté en ne les retournant qu'une seule fois.

Servir la côtelette seule, en sandwich, mais surtout avec une abondance de sauce barbecue (voir Sauces et condiments, page 183)

Je ne suis habituellement pas un fan des viandes marinées sur le barbecue, car elles ont tendance à brûler. On peut toutefois limiter ce risque en évitant d'utiliser de l'huile dans la marinade.

PARIS

Panini jambon et brie sur le gril

En fait, un panini c'est un *grilled-cheese*, mais de luxe. Tout ce qui importe, c'est d'avoir un beau quadrillage sur le pain...

Pour des sandwichs dignes d'un café huppé, mais pour le tiers du prix:

- 1 pain baguette coupé en trois parts égales
- 15 ml (1 c. à soupe) de mayonnaise
- 15 ml (1 c. à soupe) de beurre
- 6 tranches de jambon cuit
- 100 g (3,5 oz) de fromage brie
- quelques tranches de tomate
- 50 ml (3 c. à soupe + 1 c. à thé) d'huile végétale
- sel, poivre au goût

Tartiner l'intérieur de la baguette avec la mayonnaise.

Tartiner l'extérieur de la baguette avec le beurre.

Répartir le jambon, le fromage, les tomates dans les 3 morceaux de baguette. Assembler en sandwichs et assaisonner.

Mettre sur le gril et griller chaque côté environ 2 minutes en appliquant une pression afin d'aplatir les sandwichs.

Couper en 2 et servir avec une salade, des frites ou des olives.

Évidemment, on pourrait remplacer le brie par un autre fromage. Il en va de même pour le jambon et les tomates. Je parie que j'ai pas besoin de te faire un dessin.

Faire pousser de l'herbe

Je ne suis pas fleuriste et je n'ai pas le pouce vert non plus, mais une bonne façon de se faire plaisir (surtout à ta blonde), c'est de faire pousser des fines herbes. Voici quelques variétés pratiques à avoir sous la main et que tu peux facilement faire pousser dans ton potager ou dans un bac à fleurs sur ton balcon. *Grosso modo*, tu pourrais utiliser les herbes listées plus bas dans n'importe quelle recette. Il s'agit de savoir bien doser et surtout, savoir ce que chacune goûte. Pour ça, il n'y qu'une seule façon d'apprendre… C'est de brouter.

---

1. **Menthe**

Surtout utilisée dans les desserts, tu peux aussi t'en servir pour rehausser le goût du poisson ou du poulet. Mais surtout, en prenant une quinzaine de feuilles que tu fais infuser, tu peux te faire une bonne tisane.

2. **Persil**

Même si bien des gens croient que le persil est seulement là pour donner de la couleur aux assiettes, il est très aromatique. Utile dans la plupart des sauces et des plats de pâtes, on dit aussi qu'en mâcher quelques feuilles aide à éliminer la mauvaise haleine.

3. Basilic

Idéal dans la sauce tomate, tu peux aussi en mettre dans à peu près tous les plats italiens. La meilleure façon de couper les feuilles, c'est de les empiler les unes sur les autres, de les rouler et de les ciseler au couteau. Le basilic est aussi pratique pour se faire un pesto sur le pouce.

4. Thym

Le thym est une plante hyper résistante. Un chef m'a déjà dit qu'on pouvait même en faire pousser dans le ciment. Il est excellent avec toute viande qui a des ailes, dans le riz, ou encore, en guise de décoration.

5. Romarin

Cette herbe a une petite odeur de pin qui agrémente bien les viandes rouges. Il faut toutefois l'utiliser avec modération, car il peut facilement prendre le dessus dans notre recette. Tu peux aussi utiliser une branche de romarin pour décorer ton plat et lui donner des allures de restaurant 4 étoiles.

6. Coriandre

Ça ressemble au persil plat, mais avec un goût plus prononcé. La coriandre se marie bien à tous les plats mexicains et elle est un élément essentiel de la cuisine asiatique. Elle apporte aussi de la fraîcheur à un sandwich ou à une salade d'été.

7. Ciboulette

Petite sœur de l'échalote verte, on pourrait la confondre avec du long gazon. Au-delà de la décoration, ça goûte l'oignon et c'est excellent avec des pommes de terre ou n'importe quel plat qui contient de la crème sûre.

8. Sarriette

Cette herbe fine, surtout utilisée par nos grands-mères, est idéale pour rehausser le goût des bouillons et des soupes afin de leur donner une touche réconfortante. Excellent dans les pommes de terre aussi.

La semaine avant la paye

C'est pas parce qu'il faut se serrer la ceinture qu'on doit mal manger !

Il reste encore 7 jours avant ta prochaine paye, t'as dépensé presque tout ton argent sur des trucs non comestibles et ton coloc n'a pas plus de *cash* que toi… Afin d'éviter de crever de faim, voici une suggestion de menu et une liste d'épicerie pour passer à travers cette semaine ardue en mangeant autre chose que des toasts au beurre de peanut. Si tu sais compter, il te restera peut-être même assez de dividendes pour une sortie ou une nouvelle paire de souliers.

0.430
$5.59
TOTAL

Liste d'épicerie

Avec cette liste d'épicerie, non seulement tu vas pouvoir passer la semaine, mais, en plus, ces aliments serviront de base pour réaliser la majorité des recettes qui se trouvent dans ce livre. Si tu emménages dans ton premier appartement, c'est une bonne façon de garnir la dépense et le frigo et ainsi éviter de donner l'impression à tes parents que tu te nourris exclusivement de bière...

- [ ] 1 paquet de 12 tortillas de farine
- [ ] 1 pain tranché
- [ ] 1 sac de 1 kg (2,2 lb) de riz
- [ ] 1 conserve de fèves noires
- [ ] 1 sachet de poudre de chili (pour tout ce qui est mexicain)
- [x] 6 bières (pas pour boire, mais pour cuisiner)
- [ ] 1 boîte de céréales (flocons de maïs)
- [ ] 4 poitrines de poulet
- [ ] 1 paquet de pâtes alimentaires de ton choix
- [ ] 24 œufs
- [ ] 454 g (1 lb) de beurre
- [ ] 10 tranches de jambon cuit
- [ ] 1,5 kg (3,3 lb) de bœuf haché
- [x] 1 paquet de bacon
- [ ] 1 sac d'épinards
- [ ] 4 poivrons
- [ ] 4 oignons
- [ ] 1 concombre
- [ ] 10 échalotes vertes
- [ ] 1 pomme de laitue Boston ou Iceberg
- [ ] 1 chou
- [x] 2 kg (5 lb) de patates
- [ ] 1 casseau de champignons
- [ ] 2 litres de lait
- [ ] 4 tomates
- [ ] 454 g (1 lb) de fromage blanc pas cher
- [ ] 2 conserves de fruits (pêches, poires ou ananas)
- [ ] 500 ml (2 tasses) de yogourt
- [x] 2 casseaux de baies en spécial (fraises, bleuets, framboises ou mûres)
- [ ] 1 kg (2,2 lb) de farine
- [ ] 1 sac de sucre en poudre
- [ ] 1 sac de cassonade
- [ ] 3 boîtes de lait condensé
- [ ] 2 gousses d'ail
- [ ] 500 ml (2 tasses) de mayonnaise maison
- [x] 1 pot de beurre d'arachide
- [ ] 1 pot de poudre à pâte
- [ ] 1 bouteille d'huile végétale
- [ ] sel
- [ ] poivre

Poques de déjeuner

Idéal pour les matins où tu te sens poqué.

- 3 tranches minces de jambon
- 2 œufs
- 6 feuilles d'épinards ciselées
- 50 ml (3 c. à soupe + 1 c. à thé) de fromage cheddar ou mozzarella râpé
- 25 ml (5 c. à thé) de beurre
- sel et poivre au goût

Graisser deux ramequins avec le beurre et en tapisser l'intérieur de jambon.

Dans un bol, casser l'œuf et le mélanger avec les épinards, le sel et le poivre.

Déposer le mélange dans les ramequins et couvrir avec le fromage.

Replier l'excédent de jambon sur le fromage.

Cuire pendant 8 minutes dans un four préchauffé à 350° F (180 °C).

Retirer du four et attendre 1 minute pour que le tout fige bien.

Retourner chaque ramequin sur une assiette et servir.

On pourrait aussi remplacer les épinards par des champignons, des poivrons ou, pour les vrais carnivores, du bacon!

Frittata québécoise

Les omelettes, c'est bon à toute heure de la journée. Les Italiens appellent ça des frittatas, moi j'appelle ça un repas complet dans une poêle.

- 3 œufs
- 50 ml (3 c. à soupe + 1 c. à thé) de lait
- 1 pomme de terre tranchée finement
- 1 échalote verte ciselée
- 3 champignons blancs tranchés
- 2 tranches de tomate coupées en 2
- 100 ml (7 c. à soupe) de fromage mozzarella râpé
- sel, poivre au goût

Dans un bol, bien mélanger les œufs et le lait et réserver.

Dans une poêle à feu moyen, cuire les tranches de pomme de terre dans un peu d'huile.

Une fois les pommes de terres cuites, ajouter l'échalote, les champignons et le mélange d'œufs.

Ajouter le fromage et déposer les tranches de tomate.

Cuire au four à 450 °F (230 °C) 2 minutes environ, ou jusqu'à ce que le fromage soit bien fondu (assure-toi que ta poêle va au four avant pour que le manche ne fonde pas!)

Couper en pointes, assaisonner et servir.

L'omelette est la championne de la récupération culinaire. On peut pratiquement y mettre n'importe quoi et, si on se croise les doigts, il y a de fortes chances que ce sera bon.

Burritos de déjeuner

Pour bien commencer la journée en t'en roulant un bien serré:

- 1 tortilla
- 1 œuf battu
- 2,5 ml (1/2 c. à thé) de poudre de chili
- 1 échalote verte ciselée
- 1/2 boîte de fèves noires
- 100 ml (7 c. à soupe) d'eau
- 60 ml (1/4 tasse) de fromage cheddar ou mozzarella râpé
- 1/2 tomate coupée en petits cubes
- sel, poivre au goût

Dans une poêle à feu moyen, mélanger les œufs et avec la poudre de chili et l'échalote en les remuant constamment avec une fourchette pour les brouiller et réserver.

Égoutter les fèves et les faire bouillir dans un peu d'eau environ 2 minutes.

Une fois cuites, réduire en purée lisse à l'aide d'un mélangeur à main.

Tartiner la tortilla avec la purée.

Déposer les œufs brouillés et le fromage et gratiner le tout au four à 350 °F (180 °C) quelques minutes.

Garnir avec les tomates et assaisonner.

Rouler le tout bien serré et servir.

Ce déjeuner, digne d'un lutteur mexicain, est de loin mon favori! Arrrriba!

Déjeuner de « pepper »

À une certaine époque, pour nous insulter, les anglophones nous appelaient les *peppers*. Ils ne savaient probablement pas que le poivron est le champion de la vitamine C et en contient 4 fois plus qu'une orange.

- 1 poivron coupé en deux sur le sens de la longueur et vidé
- 2 œufs battus
- 1/2 poivron rouge coupé en dés
- 1 échalote ciselée
- 60 ml (1/4 tasse) de fromage cheddar ou mozzarella râpé
- sel, poivre au goût

Dans un bol, mélanger les œufs et ajouter les dés de poivrons et l'échalote.

Verser le mélange dans chaque demi-poivron.

Garnir avec le fromage.

Cuire au four préchauffé à 350 °F (180 °C) pendant 20 minutes.

Assaisonner et servir.

On pourrait aussi ajouter de la viande, comme du jambon, du bacon ou des rondelles de saucisse italienne.

Frappé du matin

Pour un déjeuner rapide et délicieux qui ne se prend pas pour un autre.

125 ml (1/2 tasse) de yogourt

6 fraises

250 ml (1 tasse) de fruits en conserve de ton choix (pêches, poires ou ananas)

Déposer dans un récipient les fraises, le yogourt ainsi que les fruits en conserve en gardant la moitié du sirop.

Réduire en purée lisse à l'aide d'un mélangeur à main.

Servir avec une paille pour éviter la moustache...

Remplace le yogourt par de la crème glacée et tu obtiens un *milk-shake*.

Pain doré jambon fromage

Qui aurait cru qu'on pouvait encore innover à partir d'un vulgaire sandwich au pain tranché? Comme on dit: on n'arrête pas le progrès!

- 3 œufs bien battus
- 50 ml (3 c. à soupe + 1 c. à thé) de lait
- 4 tranches de pain
- 4 tranches de jambon
- 125 ml (1/2 tasse) de fromage cheddar râpé
- 1 pincée de sel
- 50 ml (3 c. à soupe + 1 c. à thé) d'huile végétale
- 5 ml (1 c. à thé) de beurre

Dans un bol, battre les œufs avec le lait et le sel.

Assembler les sandwichs avec le pain, le jambon et le fromage.

Dans une poêle à feu moyen, fondre le beurre avec l'huile.

Tremper les sandwichs des deux côtés dans le mélange d'œufs.

Quand le beurre commence à brunir, mettre les sandwichs dans la poêle.

Bien dorer le premier côté.

«Flipper» les sandwichs, baisser le feu et laisser cuire environ 2 minutes.

Couper en deux et servir.

Pour d'autres variations intéressantes, essaie avec du beurre d'arachide et de la confiture ou avec du chocolat et des bananes.

Galettes de riz

Pour une solution de rechange originale à l'omelette, afin de récupérer de la veille :

- 3 tranches de bacon coupées en petits morceaux
- 1 gousse d'ail hachée
- 1 échalote ciselée
- 500 ml (2 tasses) d'eau
- 250 ml (1 tasse) de riz
- 125 ml (1/2 tasse) de fromage râpé de ton choix
- 50 ml (3 c. à soupe + 1 c. à thé) d'huile végétale
- sel, poivre au goût

Dans une casserole à feu moyen avec l'huile, cuire le bacon, puis ajouter l'ail et l'échalote.

Une fois cuit, mouiller avec l'eau et amener à ébullition.

Ajouter le riz, couvrir et laisser cuire à feu doux pendant 20 minutes.

Ajouter le fromage, bien mélanger et laisser tiédir (il est important de bien laisser le riz tiédir afin de faciliter le façonnage des galettes).

Mouler le riz en forme de galettes.

Dans une poêle chaude avec de l'huile, cuire les galettes de chaque côté.

Servir seul ou, encore mieux, avec un œuf poché.

Cette recette peut aussi servir d'accompagnement dans un repas plus élaboré. On pourrait aussi remplacer le bacon par à peu près n'importe quel restant du frigo.

Salade de chou repas

Pour une salade qui n'entend pas les huées :

- 1/2 pomme de chou
- 8 tranches de bacon
- 2 œufs
- 125 ml (1/2 tasse) de mayonnaise
- sel, poivre au goût

Trancher le chou le plus finement possible et le cuire à l'eau bouillante environ 2 minutes. Réserver et laisser refroidir.

Cuire le bacon et le couper en petits morceaux.

Cuire les œufs à l'eau bouillante pendant 10 minutes, les refroidir, les écaler et les hacher.

Dans un grand bol, mélanger le chou, le bacon, l'œuf et la mayonnaise.

Assaisonner et servir.

Pour donner un peu de couleur à ta salade, râpe une carotte et ajoute-la au mélange. On peut aussi remplacer le bacon par des saucisses italiennes.

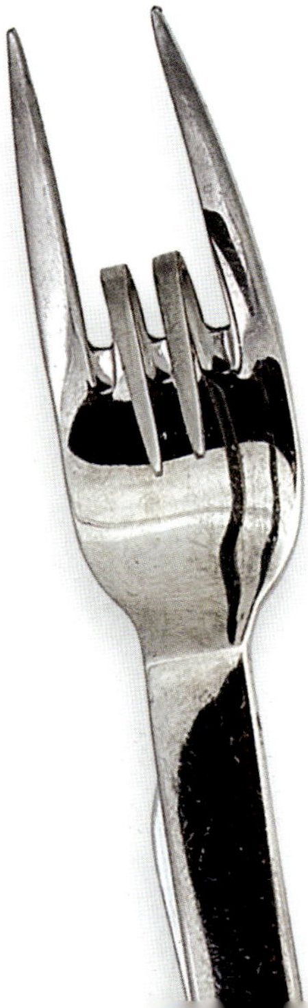

Potage aux patates

Ne te fie pas aux apparences. Ce n'est pas parce que c'est une recette de pauvre qu'elle ne peut pas avoir un goût riche.

- 2 gousses d'ail hachées
- 2 oignons moyens émincés
- 4 grosses patates lavées et coupées en gros cubes
- 1 litre (4 tasses) d'eau
- 6 tranches de bacon cuit, haché
- sel, poivre au goût

Dans une grande casserole à feu moyen avec de l'huile, suer l'ail et l'oignon sans les colorer.

Ajouter les patates et mélanger.

Verser l'eau et amener à ébullition.

Une fois les patates cuites, baisser le feu er réduire en purée lisse à l'aide d'un mélangeur à main.

Rectifier l'assaisonnement et la consistance.

Servir dans des bols et garnir avec le bacon.

Comme on sait que le trio patates, bacon et crème sure a la cote auprès des partisans de bonne bouffe, n'hésite pas à ajouter une touche de crème sure à ton bol de soupe. Si ta soupe est trop épaisse, rectifie-la en ajoutant de l'eau graduellement jusqu'à l'obtention de la consistance désirée. Il en va de même pour l'assaisonnement.

Potage au chou

Quand j'ai découvert que je pouvais cuisiner de la soupe avec 4 ou 5 ingrédients je m'en suis fait à toutes les semaines pendant un hiver au complet. Avec l'argent économisé, je me suis payé un nouveau *snowboard*.

- 2 gousses d'ail hachées finement
- 1 oignon tranché finement
- 1 pomme de terre coupée en cubes d'environ 2 cm (3/4 po) de coté
- 1/2 pomme de chou
- 4 tasses d'eau
- 75 ml d'huile végétale
- sel, poivre au goût

Dans un grand chaudron avec de l'huile à feu moyen, suer l'ail, l'oignon, la patate et le chou

Ajouter l'eau et laisser mijoter environ 45 minutes

Réduire en purée à l'aide d'un mélangeur à main (attention de ne pas t'éclabousser, car c'est chaud !)

Assaisonner et servir

Si tu as de la crème 35% qui traîne, n'hésite pas à en ajouter 125 ml (1/2 tasse). ça va rendre la soupe plus onctueuse. Si ta soupe est trop épaisse, rectifie-la en ajoutant de l'eau graduellement jusqu'à l'obtention de la consistance désirée.

Soupe à l'oignon

Pour une soupe qui fera sécher tes larmes après avoir constaté le solde de ton compte de banque:

- 3 gros oignons blancs (espagnols) émincés
- 2 gousses d'ail hachées
- 250 ml (1 tasse) de bière
- 750 ml (3 tasses) d'eau
- 4 à 6 croûtons de vieux pain sec
- 250 ml (1 tasse) de fromage râpé mozzarella ou cheddar blanc
- 75 ml (5 c. à soupe) d'huile végétale
- sel, poivre au goût

Dans une casserole à feu moyen avec de l'huile, suer l'oignon et l'ail sans les colorer.

Verser la bière.

Amener à ébullition et réduire de moitié à découvert (évaporer).

Ajouter l'eau et laisser mijoter environ 10 minutes.

Assaisonner et verser dans des bols allant au four.

Déposer des croûtons et le fromage sur le dessus de la soupe.

Gratiner au four à « broil » jusqu'à ce que le fromage colore. Servir.

Habituellement, la soupe à l'oignon se fait avec du vin rouge, mais une bonne bière rousse fait tout aussi bien l'affaire.

PROTÉGEZ VOTRE NIP
PROTECT YOUR PIN

Salade de riz au poulet

Pour un met chinois 100 % québécois, tout aussi délicieux chaud ou froid.

- 250 ml (1 tasse) d'eau
- 125 ml (1/2 tasse) de riz
- 2 échalotes ciselées
- 1 poivron coupé en dés
- 1 poitrine de poulet cuite et coupée en cubes
- 1 œuf dur
- 75 ml (5 c. à soupe) d'huile d'olive ou végétale
- 25 ml (5 c. à thé) de jus de citron
- sel, poivre au goût

Dans une casserole, amener l'eau à ébullition et y verser le riz.

Baisser immédiatement le feu à minimum, couvrir et cuire 20 minutes.

Laisser refroidir le riz et mélanger avec tous les autres ingrédients.

Assaisonner et servir.

On pourrait aussi ajouter de la sauce soya, mais ça n'aidera en rien à rendre cette recette plus asiatique.

Sandwich aux œufs

Pour un *snack* digne d'un festin de Noël ou d'une première communion. Quoique si t'es cassé, je te recommande de garder la croûte.

- 2 œufs
- 60 ml (1/4 tasse) de mayonnaise maison
- 2 échalotes finement ciselées
- 1 pincée de poudre de chili
- sel, poivre au goût

Cuire les œufs dans leur coquille à l'eau bouillante pendant 10 minutes.

Les refroidir à l'eau froide et les écaler.

Écraser les œufs à l'aide d'une fourchette et mélanger avec la mayonnaise, les échalotes, la poudre de chili, le sel et le poivre.

Servir entre deux tranches de ton pain favori.

Ça peut paraître niaiseux, mais remplace le pain par de la laitue et tu obtiens une salade aux œufs.

Wrap santé

Un rappeur sachant rapper chante encore mieux le ventre plein.

- 1 tortilla de farine
- 7,5 ml (1/2 c. à soupe) de mayonnaise
- 7,5 ml (1/2 c. à soupe) de moutarde forte
- 1/2 poitrine de poulet cuite et coupée en lanières
- 1/2 tomate coupée en cubes
- 1/2 concombre coupé en lanières

Chauffer légèrement la tortilla au four.

La badigeonner avec la mayonnaise et la moutarde.

Mettre le reste des ingrédients sur la tortilla et la rouler serré.

Pour les rappers de style *West Coast*, ajouter des feuilles de coriandre et des morceaux de mangue. Ça mettra du *bling* dans ton wrap.

OFF THE WALL
QUALITY CRAFTED

EXTRA-FIN

Pâtes bourguignonnes

Un classique de la gastronomie française à la mode de chez nous.

- 500 g (1 lb) de pâtes alimentaires de ton choix
- 50 ml (3 c. à soupe + 1 c. à thé) d'huile végétale
- 200 g (7 oz) de viande hachée façonnée en boulettes (environ 20 gr (3/4 d'oz) par boulette)
- 1 oignon coupé en petits dés
- 1 gousse d'ail hachée
- 5 à 7 champignons tranchés
- 1/2 bière de ton choix
- 1 échalote ciselée
- 100 ml (1/3 tasse) de yogourt
- sel, poivre au goût

Cuire les pâtes alimentaires dans une grande quantité d'eau bouillante salée une minute de moins qu'indiqué sur le paquet.

Dans une poêle à feu moyen avec de l'huile, cuire les boulettes et les oignons.

Au bout d'une minute, ajouter l'ail et les champignons.

Déglacer avec la bière.

Amener à ébullition, ajouter les pâtes égouttées et l'échalote.

Ajouter le yogourt, mélanger et retirer du feu.

Assaisonner et servir.

La raison pour laquelle on ajoute du yogourt, c'est pour lui donner une texture plus crémeuse. Pour ce faire, on pourrait aussi utiliser de la crème 35 % ou du beurre, mais le yogourt coûte une fraction du prix et il est plus santé parce que pauvre en gras saturés bloqueurs d'artères.

Pâtes florentines

Quand la haute gastronomie et le *cheap* convolent en justes noces:

- Environ 500 g (1 lb) de pâtes alimentaires de ton choix
- 75 ml (5 c. à soupe) d'huile d'olive ou végétale
- 5 à 10 champignons tranchés
- 1 gousse d'ail hachée
- 1 vingtaine de feuilles d'épinards
- 50 ml (3 c. à soupe + 1 c. à thé) d'eau
- 75 ml (5 c. à soupe) de beurre
- sel, poivre au goût

Dans un grand chaudron avec de l'eau bouillante salée, cuire les pâtes 1 minute de moins qu'indiqué sur le paquet.

Égoutter les pâtes sans les rincer et les asperger d'un filet d'huile.

Dans une poêle avec de l'huile chaude, cuire les champignons et l'ail.

Ajouter les pâtes, les épinards et l'eau.

Ajouter le beurre et remuer afin de napper les pâtes.

Assaisonner et servir.

Si tu reçois une *date* à souper, assure-toi de prendre des pâtes courtes. En plus des morceaux d'épinards qui risquent de te rester pris dans les dents, les pâtes longues sont plus difficiles à manger avec classe et on risque de s'éclabousser. À moins, bien sûr, que ce soit ce dont vous avez envie tous les deux...

Cigares au chou

T'as envie de célébrer? Manger des cigares, c'est bien mieux pour la santé que de les fumer.

- 4 feuilles de chou de Savoie
- 2 gousses d'ail hachées
- 1 oignon haché
- 454 g (1 lb) de bœuf haché mi-maigre
- 1 œuf
- 2 tomates en dés
- 1 bière
- sel, poivre au goût

Blanchir les feuilles de chou environ 1 minute dans l'eau bouillante, les laisser refroidir et réserver.

Dans un bol, mélanger une des gousses d'ail avec la moitié de l'oignon, le bœuf cru et l'œuf et assaisonner.

Déposer un peu de farce sur chaque feuille de chou et rouler en fermant les bouts en forme de cigare.

Mettre les cigares dans un chaudron, couvrir avec le reste de l'oignon, l'autre gousse d'ail, les dés de tomates et la bière.

Cuire au four préchauffé à 450 °F (230 °C) pendant 1 heure.

Servir accompagné de son jus de cuisson.

On sert souvent les cigares au chou sur un nid de riz blanc, mais ce qui est encore mieux, c'est de prendre 60 ml (1/4 de tasse) de riz blanc sec et de l'incorporer directement dans la farce des cigares.

OCTOBER
OCTOBRE
2010
WEDNESDAYMERCREDI
THURSDAYJEUDI
FRIDAYVENDREDI
1
2
6
9
13
16
20
21
281/084
286/07
293/072
295/070

Club des 4 jeudis

Mieux connu dans la plupart des restos comme le club du vendredi, on peut quand même le consommer n'importe quel jour de la semaine, sans courir de risque.

- 3 tranches de pain brun ou blanc
- 25 ml (5 c. à thé) de mayonnaise
- 2 feuilles de laitue
- 3 tranches de tomate
- 2 tranches de jambon cuit
- 1 tranche de fromage de ton choix
- 1 œuf cuit dur tranché (cuit à l'eau bouillante pendant 10 minutes, refroidi et épluché)

Griller le pain au *toaster*.

Sur la première tranche, déposer en ordre, la mayo, la laitue et les tomates, puis fermer le sandwich avec une seconde tranche de pain.

Sur cette seconde tranche, mettre le jambon, le fromage et l'œuf et fermer avec la dernière tranche de pain.

Mettre des cure-dents dans le haut du sandwich et sur les côtés.

Couper en 4 et servir.

T'auras sans doute compris qu'avec cette technique, on peut faire des « clubs » à pratiquement n'importe quoi.

Pain de viande

Parce que pain + viande n'égale pas toujours sandwich.

- 500 g (1 lb) de viande hachée mi-maigre ou maigre (de toute façon, c'est la même chose)
- 250 ml (1 tasse) de riz sec ou de céréales « corn flakes »
- 2 œufs
- sel, poivre au goût
- 75 ml (5 c. à soupe) d'huile végétale (pour graisser le moule)

Graisser abondamment un moule à pain avec l'huile végétale.

Dans un bol, mélanger la viande crue, le riz ou les céréales et les œufs et assaisonner.

Déposer le mélange dans le moule.

Peser sur le tout afin que le mélange remplisse bien le moule et soit compact.

Cuire à four préchauffé à 375 °F (190 °C) 45 minutes environ.

Servir avec du ketchup maison.

Pour rehausser le goût, tu pourrais ajouter de la sauce soya, de la moutarde forte, ainsi que des épices ou fines herbes de ton goût.

Pizza croûte mince

Pour une pizza qui prend moins de temps à faire que d'en commander.

- 1 tortilla
- 4 tranches de tomates
- 3 tranches de jambon cuit coupées en morceaux
- 2 champignons émincés
- 1/2 poivron coupé en lanières
- 125 ml (1/2 tasse) de fromage mozzarella râpé

Déposer dans l'ordre sur la tortilla, les tranches de tomates, le jambon, les champignons, les poivrons et le fromage.

Cuire au four préchauffé à 350 °F (180 °C) 7 à 10 minutes environ.

Couper en pointes et servir.

Avant de jeter tous les dépliants de pizzerias qui traînent dans tes tiroirs de cuisine, prends note, non pas du numéro de téléphone, mais bien de leurs différentes variétés. Ça pourrait t'inspirer pour d'autres recettes.

Burritos de la noce

T'as pas besoin de t'acheter un *kit* à tacos à l'épicerie pour manger du bon mexicain. Non seulement cette recette contient moins de sel, mais elle est bien moins chère.

- 1 tortilla
- 1/2 poitrine de poulet coupée en lanières
- 2,5 ml (1/2 c. à thé) de poudre de chili
- 1 échalote verte ciselée
- 1/2 boîte de fèves noires
- 60 ml (1/4 tasse) de mozzarella, cheddar ou n'importe quel autre fromage râpé
- 1/2 tomate coupée en cubes
- 100 ml (7 c. à soupe) d'eau
- sel, poivre au goût

Cuire les lanières de poulet avec la poudre de chili et l'échalote dans de l'huile végétale à feu moyen-vif et réserver.

Égoutter les fèves et les faire bouillir dans l'eau environ 4 minutes.

Une fois cuites, réduire les fèves en purée lisse à l'aide d'un mélangeur à main.

Tartiner la tortilla avec la purée de fèves.

Garnir le tout avec le poulet cuit, le fromage, les tomates et les échalotes.

Assaisonner, rouler le tout bien serré et servir.

Au lieu de les rouler dans un pain tortilla, dépose les ingrédients sur des chips de maïs et envoie le tout au four. T'auras des nachos de course.

Pepsi gratuit
Pizza familiale
16 po
What's your

Sucre à la crème

De quoi te gâter et épater ta grand-mère.

- 180 ml (3/4 tasse) de lait condensé sucré
- 750 ml (3 tasses) de cassonade
- 125 ml (1/2 tasse) de beurre
- 180 ml (3/4 tasse) de sucre en poudre

Dans une casserole à feu moyen, amener le lait, la cassonade et le beurre à ébullition et laisser mijoter à découvert, exactement 5 minutes.

Ajouter peu à peu le sucre en poudre en mélangeant avec un mélangeur à main (fais attention de ne pas te brûler).

Verser dans un moule à gâteau et réfrigérer jusqu'à ce que le mélange prenne.

Couper dans ta forme géométrique de prédilection et servir.

Remplace une partie du sucre par des pépites de chocolat et tu obtiendras du fudge !

Pizza dessert

Voilà une variété que tu ne trouveras pas à la pizzeria du coin.

- 1 tortilla
- 1 œuf
- 60 ml (1/4 tasse) de sucre en poudre
- 2 pêches ou poires en conserve, tranchées minces
- 4 à 6 fraises coupées en 4
- 8 à 10 bleuets ou mûres
- 50 ml (3 c. à soupe + 1 c. à thé) de yogourt nature

Mélanger les œufs avec le sucre.

Tremper la tortilla dans ce mélange et la saisir dans une poêle chaude de chaque côté.

Couvrir, dans l'ordre, avec les pêches, les fraises et les bleuets ou les mûres.

Saupoudrer de sucre et cuire à four préchauffé à 400 °F (200 °C) 7 à 10 minutes.

À la sortie du four, décorer avec le yogourt, trancher en pointes et servir.

Aussi excellente au déjeuner, qui a dit que la pizza n'était pas bonne pour la santé ?

Pudding au riz

Ce dessert est parmi les plus mangés sur la planète. Mais pour satisfaire 6 millions d'habitants moins les 5 999 999 996 qui, heureusement, ne sont pas aussi tes colocs, t'as besoin de:

- 500 ml (2 tasses) de lait
- 250 ml (1 tasse) de riz
- 125 ml (1/2 tasse) de sucre en poudre
- 1 œuf

Dans une casserole, amener le lait à ébullition.

Ajouter le riz et le sucre.

Baisser à feu doux et laisser mijoter environ 25 minutes.

Retirer du feu, attendre 5 minutes, puis ajouter l'œuf et mélanger.

Le servir avec des baguettes serait tout aussi insultant pour les Chinois que les Québécois, car il s'agit d'un met traditionnel de chez nous.

Je peux t'assurer que tu ne froisseras personne, au contraire, en ajoutant des fruits secs, des noix ou des pépites de chocolat.

VANS
VANS

Gâteau renversé

Quoi de mieux pour la renverser que de lui offrir un morceau de gâteau?

- 45 ml (3 c. à soupe) de beurre
- 125 ml (1/2 tasse) de sucre en poudre
- 1 œuf battu
- 250 ml (1 tasse) de farine
- 10 ml (2 c. à thé) de poudre à pâte
- 1 pincée de sel
- 1 boîte de 540 ml (19 oz) d'ananas ou l'équivalent de pêches (ou de n'importe quel fruit que tu préfères)

Dans un bol, crémer le beurre et le sucre.

Ajouter l'œuf et la vanille et bien battre pour faire un mélange homogène.

Ajouter la farine et la poudre à pâte.

Graisser un moule à gâteau de 25 cm x 25 cm (9 po x 9 po).

Tapisser le fond avec les ananas.

Verser le mélange à gâteau sur le dessus et bien l'étendre à l'aide d'une spatule.

Cuire à four préchauffé à 350 °F (180 °C) pendant 40 minutes.

À la sortie du four, laisser reposer quelques instants. Recouvrir le moule d'une assiette et retourner d'un mouvement franc pour démouler.

Couper de larges pointes et servir en espérant obtenir le résultat escompté.

Toujours vérifier la cuisson en piquant le gâteau avec un cure-dents ; si le cure-dents est propre, le gâteau est cuit. J'ai déjà fait foirer un gâteau devant toute ma famille, car je ne l'avais pas piqué pour vérifier la cuisson. Je te conseille d'éviter cette gaffe...

Gâteau à la mayonnaise

Si tu n'as pas d'œufs, utilise de la mayo, car dans la mayo il y a des œufs ! C'est ma belle-mère qui m'a donné ce truc.

250 ml (1 tasse) de mayonnaise
250 ml (1 tasse) de sucre en poudre
500 ml (2 tasses) de farine
10 ml (2 c. à thé) de poudre à pâte
5 ml (1 c. à thé) de bicarbonate de soude
250 ml (1 tasse) d'eau

Dans un bol, mélanger la mayo avec le sucre.

Ajouter la moitié de la farine avec la poudre à pâte et le bicarbonate de soude.

Verser l'eau, mélanger à nouveau et terminer en incorporant le reste de la farine.

Verser le mélange dans un moule à gâteau rond de 20 cm (9 po).

Cuire à four préchauffé à 350 °F (180 °C) de 25 à 30 minutes.

Vérifier la cuisson avec un cure-dents; s'il est propre, le gâteau est prêt.

À la sortie du four, laisse refroidir avant de glacer avec ton crémage préféré (voir Sauces et condiments, pages 184-185).

Remplace 250 ml (1 tasse) de farine par 250 ml (1 tasse) de cacao et tu auras un gâteau au chocolat.

SUGAR

Bonbons aux patates

Comme dirait mononc' Serge : « C'est bon des patates ! » Et j'ajouterais que ce l'est encore plus au dessert.

1 petite patate

600 g (3 tasses) de sucre en poudre

250 ml (1 tasse) de beurre d'arachide

Éplucher la pomme de terre, la couper en cubes et la cuire dans l'eau (on se rappelle qu'on doit toujours partir les légumes qui poussent dans la terre à l'eau froide).

Une fois cuite, la réduire en purée dans un bol à l'aide d'un pilon à pommes de terre.

Ajouter le sucre graduellement, tout en mélangeant jusqu'à l'obtention d'une pâte uniforme.

Aplatir la pâte à l'aide d'un rouleau à pâte (une bouteille de vin fait aussi très bien l'affaire) à environ 1/2 cm d'épaisseur.

Tartiner la pâte avec le beurre d'arachide.

Rouler la pâte le plus serré possible sans la déchirer.

Réfrigérer pendant 1 heure. Trancher en morceaux et servir.

On peut faire semblant que ce dessert est bon pour la santé à cause de sa forte teneur en pommes de terre... Merci aux truands de Black Taboo qui m'ont fait découvrir ce dessert.

Tarte Ambroise

Un dessert classique du Québec qui nous rappelle le temps des fêtes à l'année longue.

1 boîte de fruits de 341 ml (12 oz) de ton choix

250 ml (1 tasse) de baies de ton choix

1 boîte de 300 ml de lait condensé sucré

250 ml (1 tasse) de yogourt

85 ml (1/3 tasse) de jus de citron

60 ml (1/4 tasse) de sucre en poudre

Tapisser le fond d'un moule avec de la pâte à tarte*. Égoutter la canne de fruits et mélanger avec le lait condensé, le yogourt et le jus de citron.

Déposer le mélange sur la pâte à tarte. Réfrigérer 4 heures.

Servir, les femmes et les enfants d'abord. Dois-je le rappeler ?

Si tu utilises des fruits frais, c'est encore mieux.

*Pâte à tarte simplifiée

Avant, la chose qui me décourageait le plus quand venait le temps de cuisiner une tarte, c'était de faire la pâte. Cette époque est révolue depuis que j'ai découvert cette recette.

500 ml (2 tasses) de «corn flakes» écrasés finement

180 ml (3/4 tasse) de sucre

125 ml (1/2 tasse) de beurre fondu

Mélanger les 3 ingrédients et tapisser le fond d'un moule à tarte ou à gâteau à l'épaisseur désirée.

Ce mélange peut aussi bien servir comme base de gâteau au fromage.

VANS

100
50
100
CANADA
20

Le jour de la paye

Et le 7e jour arriva la paye.

Bien que je prône habituellement la cuisine simple et économique, ce chapitre est conçu pour le jeudi sur deux où on se sent riche et qu'on a envie de dépenser son argent comme s'il allait être démodé avant le prochain chèque.

Brie aux tomates séchées

Depuis qu'un ami m'a fait goûter cette recette dans un party vin et fromage, je ne peux plus m'en passer. Et c'est plus élégant que des nachos au Cheez Whiz et ketchup avec du jus de raisin...

Parce que y'a rien de trop beau pour la classe ouvrière :

1 meule de fromage brie ou camembert

1 pot de tomates séchées coupées en fines tranches

1 gousse d'ail hachée

Déposer le fromage sur une plaque allant au four.

Mélanger les tomates avec l'ail.

Couvrir le dessus de la meule de fromage avec ce mélange.

Cuire à four préchauffé à 350 °F (180 °C) pendant 15 minutes.

Servir avec des croûtons.

En guise de dessert, on pourrait aussi mettre le fromage tel quel au four et le servir en y trempant des fruits comme des pommes ou des poires.

Foie gras au torchon

Bien qu'il ne semble pas y avoir beaucoup d'ingrédients dans cette recette, elle coûte cher en s'il-vous-plaît!!!

Pour un repas qui coûte plus cher que si tu additionnes 12 recettes des autres chapitres de ce livre:

1 foie gras frais d'environ 454 g (1 lb)
250 ml (1 tasse) de cognac
bouillon de volaille
sel, poivre au goût

Ouvrir le foie gras en deux sur le sens de la longueur et retirer les parties tachées (les veines).

Assaisonner de gros sel, de poivre et arroser de cognac.

Laisser mariner au frigo, recouvert de pellicule plastique, durant 24 heures.

Rouler le foie gras en forme de saucisse dans un papier film et bien le serrer aux extrémités.

Enrouler de nouveau le foie gras dans un papier d'aluminium ou dans du coton à fromage et serrer de nouveau les extrémités.

Cuire à feu doux dans un bouillon de volaille ou simplement de l'eau salée durant 30 minutes (le bouillon doit mijoter et non bouillir).

Refroidir au frigo environ 2 jours.

Déballer et couper en fines tranches à l'aide d'un couteau dentelé. Servir sur des croûtons avec fruits confits.

Si tu n'essaies pas cette recette, je ne t'en voudrai pas. Je voulais juste éviter qu'on dise que je ne cuisine que des plats de base...

Veau parmigiana

Veau toujours mieux cuisiner pour soi-même que de se faire tirer la queue par les chaînes de restauration rapide...

Pour 4 personnes qui ont envie du plat le plus cher du menu au deli du coin:

- 4 escalopes de veau
- 125 ml (1/2 tasse) de farine
- 1 œuf bien battu
- 125 ml (1/2 tasse) de chapelure
- 250 ml (1 tasse) de sauce tomate
- 125 ml (1/2 tasse) de fromage

Paner chaque escalope en la trempant dans la farine, ensuite dans l'œuf, et puis dans la chapelure (c'est ce qu'on appelle un appareil à l'anglaise).

Cuire les escalopes panées une à une dans une poêle à feu moyen jusqu'à ce que la chapelure soit dorée.

Déposer dans un plat allant au four et napper de sauce tomate et de fromage.

Gratiner au four à « broil » environ 5 minutes et servir avec tes pâtes favorites.

On pourrait remplacer les escalopes de veau par des steaks de bœuf, des poitrines de poulet ou de dinde ou même des aubergines.

Coquilles St-Jacques

Au Québec on appelle ça aussi un *jack strap* mais enlevons cette image peu savoureuse de nos têtes et tenons-nous en à la gastronomie française.

Ne jugez pas Jacques à sa coquille, regardez plutôt ce qu'il y a dedans.

- 4 pommes de terre de taille moyenne
- 30 ml (2 c. à soupe) de beurre
- 8 à 10 petits pétoncles
- 8 à 10 petites crevettes
- 1 gousse d'ail hachée
- 125 ml (1/2 tasse) de vin blanc ou de bière
- 250 ml (1 tasse) de crème 35 %
- 3 échalotes vertes ciselées
- 4 tranches de saumon fumé hachées
- 250 ml (1 tasse) de fromage mozzarella ou cheddar râpé
- sel, poivre au goût

Préparer une recette de purée de pommes de terre (voir page 167) et réserver.

Dans une grande poêle à feu vif, cuire les pétoncles et les crevettes dans un peu d'huile.

Ajouter l'ail.

Une fois les fruits de mer cuits, déglacer avec le vin blanc.

Verser la crème, les échalotes, le saumon fumé et laisser mijoter environ 2 minutes.

Dans un moule à lasagne de 30 cm x 30 cm (12 po x 12 po), verser la sauce aux fruits de mer.

Garnir le pourtour du moule avec la purée de pommes de terre.

Ajouter le fromage et cuire à four préchauffé à 375 °F pendant 30 minutes (ou jusqu'à le tout soit coloré à souhait).

De grâce, évite de servir cette recette dans des assiettes en forme de coquillage, comme ils le font dans certains restaurants... Ça enlève vraiment tout le côté *glamour* de la chose.

Canard confit

Le canard, c'est pas juste une danse, ça se mange. Des fois, il ne faut pas avoir peur d'investir quelques huards pour une bonne bouffe.

Pour 2 personnes qui en ont marre du poulet:

- 2 cuisses de canard
- 60 ml (1/4 tasse) de gros sel (pas celui que tu mets dans tes escaliers l'hiver!)
- 75 ml (1/3 tasse) de cognac
- 500 ml (2 tasses) de gras de canard
- 4 à 5 branches de thym frais (facultatif, mais bien meilleur)

Mariner le canard au frigo pendant 24 heures avec le sel et le cognac.

Bien le rincer et le déposer dans un plat allant au four.

Fondre le gras de canard et le verser sur les cuisses.

Cuire dans un four préchauffé à 325 °F (160 °C) pendant 4 heures ou jusqu'à la viande se détache de l'os.

Ne pas assaisonner, car le canard est déjà salé avec la marinade.

Servir avec une salade verte ou de pommes de terre.

Cette recette est idéale pour convaincre l'être aimé de se secouer le bas des reins et de faire couin couin.

Coq au vin

J'ignore pourquoi on appelle ça un coq au vin. L'origine de cette recette est floue, mais une chose est certaine, on a remplacé le vieux coq par une grosse poule et la piquette par du bon vin pour en faire de la haute gastronomie française.

Pour 2 coqs et leurs poules qui en ont assez de manger des graines:

- 8 morceaux de poulet, cuisses ou poitrines (prend ce qui est le moins cher à l'épicerie)
- 125 ml (1/2 tasse) de farine
- 75 ml (1/3 tasse) d'huile végétale
- 2 gros oignons émincés
- 1 paquet de champignons (environ 8 à 10) coupés en quartiers
- 3 branches de thym ou de romarin (facultatif)
- 2 gousses d'ail hachées
- 250 ml (1 tasse) de vin rouge
- sel, poivre au goût

Fariner les morceaux de poulet.

Dans une poêle chaude avec de l'huile, saisir la volaille de tous les côtés.

Une fois coloré, déposer le poulet dans un plat allant au four avec les oignons, les champignons, le thym et l'ail.

Verser le vin.

Cuire à four préchauffé à 350 °F (180 °C) environ 1 heure.

Si vous avez fini le vin à l'apéro et que la SAQ est trop loin, tu peux le remplacer par une bière rousse.

Les huîtres

Huîtres à la mignonnette

- 6 huîtres
- 100 ml (1/3 tasse) de vinaigre de vin rouge
- 5 ml (1 c. à thé) de poivre noir moulu
- 5 ml (1 c. à thé) d'échalote grise (française) hachée finement

Ouvrir les huîtres.

Mélanger tous les ingrédients dans un bol.

Garnir les huîtres de la mignonette et servir.

Huîtres Mornay

- 6 huîtres
- 6 feuilles d'épinards
- 100 ml (1/3 tasse) de sauce Mornay (voir Sauce et condiments p. 180)

Ouvrir les huîtres.

Détacher le mollusque et réserver.

Couvrir le fond de la coquille avec une feuille d'épinard.

Déposer le mollusque dessus.

Napper d'un peu de sauce Mornay.

Cuire dans un four préchauffé à 500 °F (260 °C) 2 minutes environ et servir chaud.

Huîtres aux pommes

- 6 huîtres
- 1/2 pomme coupée en petits dés
- 100 ml (1/3 tasse) de vinaigre de cidre
- 5 ml (1 c. à thé) de poivre du moulin
- 5 ml (1 c. à thé) d'échalote grise

Ouvrir les huîtres.

Mélanger tous les autres ingrédients dans un bol.

Garnir les huîtres crues du mélange et servir.

Huîtres en « shooter »

- 6 huîtres
- 125 ml (4 oz) de vodka
- 60 ml (2 oz) de jus de palourde ou de tomate
- sel, poivre au goût

Ouvrir les huîtres.

Détacher le mollusque de la coquille.

Déposer chaque mollusque dans un verre à shooter.

Dans chaque shooter, verser 23 ml (3/4 oz) de vodka et 1/4 du jus de palourde ou de tomate

Assaisonner et boire « cul sec ».

Huîtres Rockefeller

Il existe une multitude de versions de cette recette. Voici la mienne :

- 6 huîtres
- 6 feuilles d'épinards
- 150 ml (5/8 tasse) de crème sûre
- 100 ml (1/3 tasse) de chapelure
- 3 tranches de bacon cuites et émiettées
- sel, poivre au goût

Ouvrir les huîtres.

Séparer le mollusque de la coquille.

Mélanger les épinards et la crème sûre dans un bol, saler et poivrer.

Déposer un peu du mélange sur chaque huître et garnir de chapelure et de bacon.

Cuire au four, à « broil », pendant 2 minutes.

Servir chaud, avec une fourchette.

Homard 101

Le homard est parfois plus difficile à manger qu'à apprêter. Dans les deux cas, il faut savoir comment s'y prendre et connaître les bonnes techniques pour que ce soit agréable pour tout le monde.

Homard bouilli

Bouillir le homard est la façon la plus classique de l'apprêter.

Pour un homard d'environ 680 g (1 ½ lb).

Un gros chaudron d'eau bouillante.

Beaucoup de sel.

Amener l'eau à ébullition.

Plonger le homard dans le chaudron, couvrir et laisser cuire environ 12 minutes.

Servir avec du beurre à l'ail, en salade ou même pour les puristes, nature.

Certaines personnes croient que le homard crie quand on le plonge dans l'eau bouillante. Mais c'est un mythe. Bien qu'il aurait probablement envie de crier, les homards, ça ne parle pas. Le sifflement qu'on peut entendre parfois est dû à la pression qui se crée entre la chaire et la carapace du homard lorsqu'il cuit.

Homard grillé

Le homard grillé est encore plus facile à faire. Tout ce dont tu as besoin est un BBQ chaud.

Sur un gril à feu moyen ou pour ceux qui cuisent au charbon, en fin de braise, déposer le homard sur le dos.

On dépose les pinces vers l'avant, car habituellement le devant de la grille est moins chaud et risque moins de carboniser celles-ci.

Griller environ 12 à 15 minutes.

Servir avec du beurre à l'ail ou de la sauce béchamel.

Si tu trouves cette méthode trop cruelle, fait bouillir ton homard quelques minutes avant de le mettre sur le gril. C'est vrai que mourir dans un jacuzzi trop chaud, c'est sûrement plus agréable que grillé vif...

Décortiquer le homard

Une fois notre homard cuit, on doit le décortiquer. Il existe plusieurs outils pour décortiquer le homard. Mais les meilleurs restent un bon couteau et une paire de mains qui n'ont pas peur de se salir.

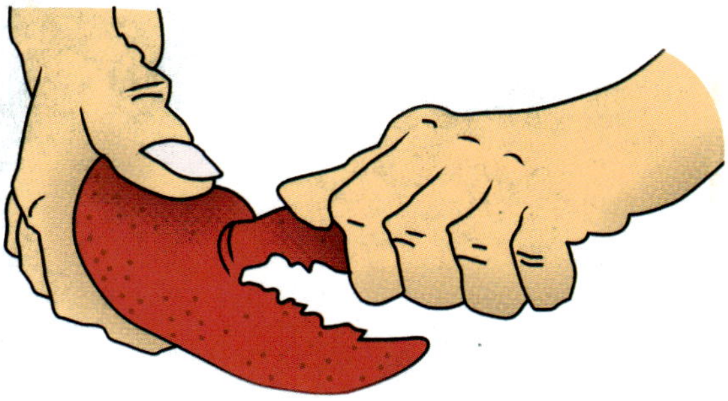

Étape 1

La queue

Détacher la queue du corps.

Fendre la queue en deux sur le sens de la longueur.

Lui retirer la chair sera ensuite un jeu d'enfant.

Étape 2

Les pinces

Détacher les pinces des bras.

Fendre chaque pince dans le bas en lui donnant un petit coup sec de couteau.

Détacher le « pouce ».

Pousser par le trou du pouce, la chair va sortir facilement.

Étape 3

Les bras

L'endroit le plus compliqué pour récupérer la chaire sont les bras. Peu de chair pour beaucoup de travail.

Pour les bras on les fend en donnant un coup sec à l'aide d'un couteau et avec un petit couteau on retire le plus de chair possible. La quantité de chair peut paraître minime, mais comme le homard est dispendieux et que c'est si bon, ça en vaut la peine.

Étape 4

Les pattes

Là tu vas épater tes mononcles.

Souvent les gens jettent les pattes en pensant qu'il n'y a rien à l'intérieur. Grave erreur.

Détacher chaque patte du corps du homard.

Appliquer une pression sur les pattes à l'aide d'un rouleau à pâte ou d'une bouteille de vin.

La quantité récupérée n'est pas énorme, mais cette technique épate toujours même le plus « smatte » des « ti-Jœ connaissant ».

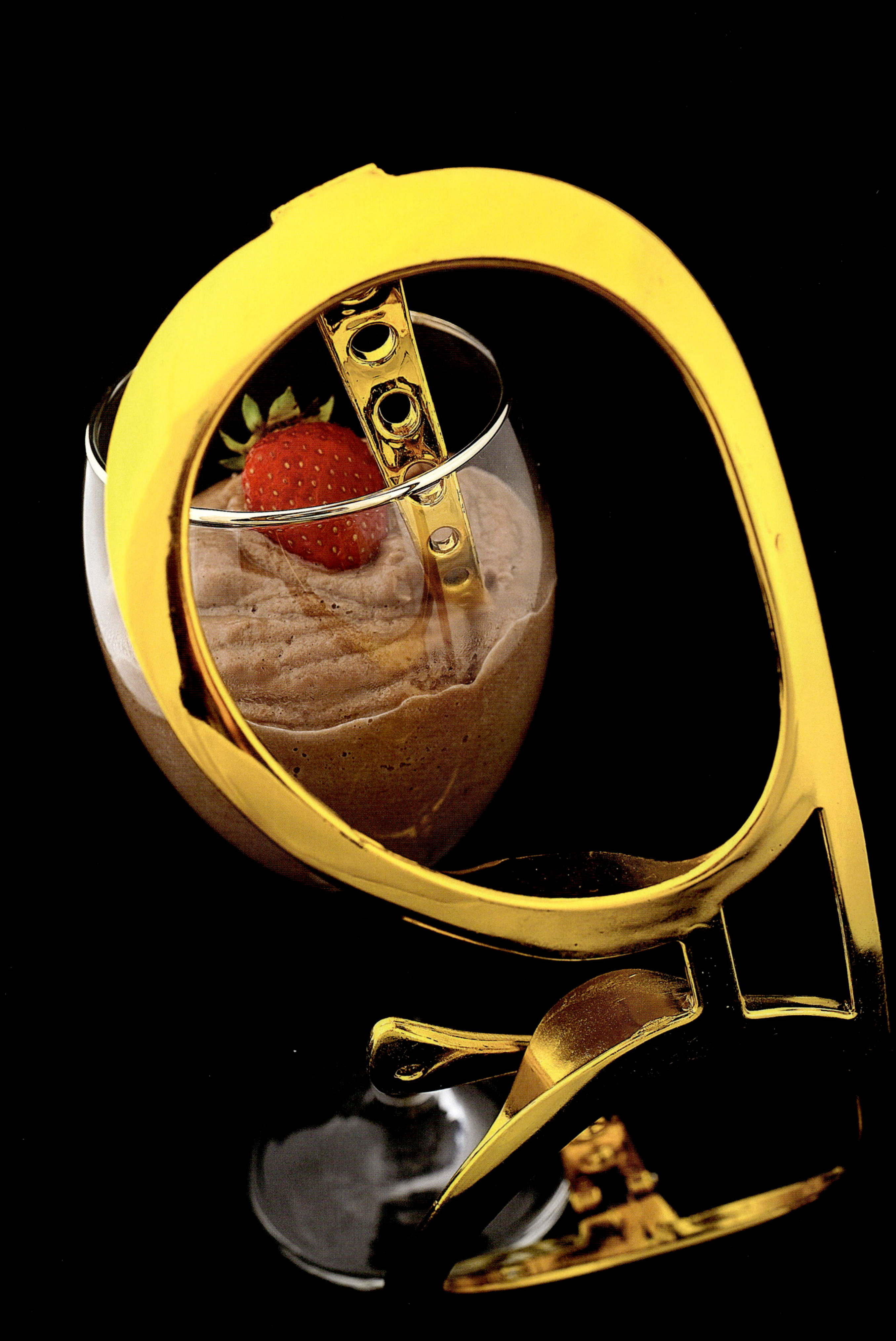

Sabayon au porto

Perso, je ne suis pas un amateur de porto. Quoique, ça peut toujours être pratique quand il n'y a plus rien d'autre à boire à la fin d'une soirée ou pour cuisiner.

Pour passer les bouteilles que t'as reçues en cadeau, tout en offrant un dessert au nom *fancy* à tes invités :

- 200 ml (7/8 tasse) de porto
- 4 jaunes d'œuf
- 60 ml (4 c. à table) de sucre en poudre

Dans un bol de métal ou le haut d'un bain-marie, fouetter tous les ingrédients.

Mettre le bol sur un bain-marie et cuire au-dessus d'une eau frémissante (non bouillante) en fouettant constamment. Quand l'appareil commence à mousser et à épaissir, verser le mélange dans des coupes à vin ou à champagne.

Servir immédiatement avec de la crème glacée ou des fruits frais.

Le sabayon consiste à mélanger un liquide, alcoolisé ou non, à des œufs battus. Il peut être sucré ou salé. Dans le second cas, on le servirait avec du poisson ou des fruits de mer.

Gâteau aux dattes reine Élisabeth

Chaque année, pour Noël, ma tante prépare son fameux gâteau reine Élisabeth, comme le veut la tradition dans ma famille. J'aime ni les dattes ni le *coconut*. Pourtant, je ne sais pas si c'est le nom, mais ce dessert fait des merveilles dans mon palais.

Pour un roi, sa femme et leurs petits princes:

Gâteau

- 250 ml (1 tasse) de dattes dénoyautées et hachées
- 250 ml (1 tasse) d'eau bouillante
- 5 ml (1 c. à thé) de soda à pâte
- 250 ml (1 tasse) de sucre blanc
- 60 ml (1/4 tasse) de beurre
- 1 œuf
- 5 ml (1 c. à thé) de vanille
- 375 ml (1 1/2 tasse) de farine
- 10 ml (2 c. à thé) de poudre à pâte
- 1/4 de c. à thé de sel

Glaçage

- 250 ml (1 tasse) de sucre brun
- 175 ml (3/4 tasse) beurre
- 90 ml 6 c. à soupe) de lait
- 375 ml (1 1/2 tasse) de noix de coco râpée

Dans un bol, tremper les dates dans l'eau bouillante avec le soda à pâte.

Dans un autre bol, mélanger le sucre avec le beurre.

Ajouter l'œuf et la vanille et bien mélanger.

Verser en pluie la farine, la poudre à pâte et le sel.

Ajouter les dattes à ce mélange.

Cuire dans un moule graissé et fariné de 33 cm x 23 cm (13 po x 9 po) dans un four préchauffé à 350 °F (180 °C) pendant 30 minutes.

Vérifier la cuisson à l'aide d'un cure-dents et laisser refroidir.

Dans un bol, mélanger les ingrédients du glaçage et en glacer le gâteau.

Passer le gâteau à « broil » environ 2 minutes et manger chaud, avec un bon verre de lait.

On pourrait remplacer les dattes par des ananas ou des pêches en conserve, ou encore mieux, fraîches, si tu veux te la jouer royale.

VANS
OFF THE

Crème brûlée

On dit que c'est en voulant réchauffer un dessert qui avait trop refroidi que la crème brûlée a été inventée. La preuve que c'est parfois en faisant des erreurs qu'on fait les meilleures découvertes. En cuisine, il ne faut pas avoir peur de se tromper.

Pour 4 têtes brûlées qui se contentent de rien de moins que la crème de la crème:

6 œufs
125 ml (1/2 tasse) de sucre blanc
500 ml (2 tasses) de crème 35 %
5 ml (1 c. à thé) de vanille
250 ml (1 tasse) de cassonade pour la finition

Dans un bol, fouetter les œufs avec le sucre.

Ajouter la crème et la vanille.

Déposer dans des ramequins individuels.

Mettre dans un plat allant au four avec de l'eau à mi-hauteur (bain-marie).

Cuire au four préchauffé à 300 °F (150 °C) 1 heure 1/4 environ (75 minutes).

À la sortie du four, réfrigérer au moins 2 heures.

Au moment de servir, saupoudrer de 5 ml (1 c. à thé) de cassonade sur chaque crème brûlée et retourner le ramequin à l'envers afin que l'excédent de sucre tombe.

Caraméliser au four à « broil » environ 2 minutes et servir.

Dans les restos, on utilise une torche pour brûler le sucre plus rapidement. Mais comme peu de gens possèdent une torche dans leur tiroir de cuisine, sache que ça va tout aussi bien au four.

900
910 Escortes
Bel homme recherche homme /femme noir(e) ou blanc (che), ouvert(e) d'esprit pour plaisirs mutuels.972-2299Pas $ échangé
L'anarchie culinaire selon Le Chef Bob
7 IÈME CIEL
Jeunes filles 19 ans centre-ville. Discret et privé. Nous recrutons. Reçoit 514-582-6068.
Nouv. se deplace 514-374-7042
www.cloudninemontreal.com.
JESSICA
910 Escortes
514-4

Les escortes

Met principal libertin cherche compagnie pour échange de saveurs.

Tout seul, c'est le fun, mais à deux, c'est mieux. Libre à vous d'expérimenter à trois... Et comme on sait que les contraires s'attirent et que les ressemblances s'assemblent, il n'y a donc pas vraiment de loi sur qui accompagne quoi et vice versa. On parle bien sûr d'accompagnement de repas...

Flan de carotte

Populaires dans les années 70, les flans font un retour sur nos tables dans la foulée du *revival* du kitsch. Et ça tombe bien, car ils sont délicieux.

Pour 4 «flans mous» qui se cherchent de la compagnie:

- 3 carottes moyennes coupées en rondelles
- 15 ml (1 c. à soupe) de beurre
- 2 œufs
- 200 ml (7/8 tasse) de crème 35 %
- sel, poivre au goût

Cuire les carottes à l'eau bouillante jusqu'à ce qu'elles soient bien molles.

Les égoutter et les réduire en purée lisse à l'aide d'un mélangeur à main.

Mélanger avec le beurre, les œufs et la crème.

Verser la purée dans des ramequins individuels préalablement graissés.

Déposer dans un plat avec de l'eau à mi-hauteur des ramequins (bain-marie).

Cuire à four préchauffé à 350 °F (180 °C) de 25 à 30 minutes.

Démouler et servir.

Selon la même méthode, on peut faire des flans avec pratiquement n'importe quel légume. Brocoli, chou-fleur, asperges, betteraves, nomme-les! C'est un flan succès garanti!

Tomates farcies

La tomate est l'un des fruits les plus répandus au monde. La tomate farcie accompagne un steak aussi parfaitement que la salsa avec les chips de maïs, le ketchup pour les frites et la sauce tomate pour les pâtes.

Pour s'en farcir une à deux:

- 1 tomate
- 1 gousse d'ail hachée
- 30 ml (2 c. à soupe) de câpres
- sel, poivre au goût

Émonder (ou monder) la tomate en lui retirant le cœur, puis en la plongeant dans l'eau bouillante environ 30 secondes.

Retirer la tomate et la déposer dans l'eau froide.

Lui retirer la peau (c'est pour ça qu'on la passe à l'eau bouillante avant; tu vas voir, la peau décolle).

La couper en deux sur le sens de la largeur.

Farcir chaque moitié avec l'ail et les câpres.

Passer au four préchauffé à 425 °F (220 °C) 5 minutes environ.

Tu pourrais aussi farcir tes tomates avec des anchois, de la chapelure, de la purée d'olives ou à peu près n'importe quoi dont tu as envie. Tu pourrais aussi la gratiner avec ton fromage préféré. S'agit d'essayer!

Pommes de terre röstie

C'est comme les galettes de patate à déjeuner des chaînes de restauration rapide, sauf qu'on utilise de vrais ingrédients…

Pour 4 personnes qui se lèvent trop tard pour attraper l'heure limite des déjeuners au resto:

- 2 grosses pommes de terre
- 60 ml (4 c. à soupe) de beurre fondu
- 100 ml (7 c. à soupe) de fromage cheddar ou autre, râpé
- sel, poivre au goût

Râper les pommes de terre à l'aide d'une râpe à fromage.

Mélanger dans un bol avec le beurre, le fromage râpé, sel et poivre.

Tapisser le fond d'un moule à tarte avec le mélange.

Cuire à four préchauffé à 400 °F (200 °C) pendant 30 minutes.

Servir au déjeuner, dîner, souper ou toute heure du jour ou de la nuit.

On pourrait aussi ajouter de l'ail, des échalotes ou de l'oignon.

Gratin dauphinois

Rassure-toi, les organismes de protection de la faune certifient qu'aucun dauphin n'a été blessé ou tué dans la création de cette recette.

Pour un gratin digne d'un prince qui attend son héritage royal:

- 4 pommes de terre de taille moyenne coupées en demi-rondelles minces
- 500 ml (2 tasses) de crème 35 %
- 30 ml (2 c. à soupe) de beurre
- sel, poivre au goût

Dans un bol, mélanger les pommes de terre tranchées avec la crème, le beurre, le sel et le poivre.

Goûter au mélange et rectifier l'assaisonnement; le goût sera pareil à la sortie du four.

Dans un moule à gâteau beurré, déposer ce mélange en étages.

Cuire au four préchauffé à 400 °F (200 °C) pendant 35 minutes.

Essaie cette recette en remplaçant les patates par des patates douces, des courges ou du navet. Ou encore, ajoute un étage d'épinards ou de poisson fumé.

Courge spaghetti

Je vante souvent les vertus des pâtes alimentaires comme repas économique et bourratif qui peut nous sortir du pétrin. Mais si ça fait 4 soirs de suite que tu en manges ou que tu es allergique au gluten, voici une excellente solution de rechange. Comme son nom l'indique, la courge spaghetti peut remplacer les pâtes alimentaires, car elle se marie bien avec toutes les sauces et qu'elle a une texture filandreuse qui absorbe la sauce.

Pour 2 colocs qui sont écœurés de manger des pâtes à longueur de semaine:

1 courge spaghetti

125 ml (1/2 tasse) de beurre

sel, poivre au goût

Couper la courge en deux sur le sens de la longueur.

Enlever tous les pépins.

Remplir le centre avec le beurre et les assaisonnements.

Remettre les morceaux de la courge ensemble et l'emballer à l'aide de papier d'aluminium.

Cuire sur une plaque dans un four préchauffé à 375 °F (190 °C) 45 minutes environ.

Déballer et, à l'aide d'une fourchette, gratter la chair de la courge.

Tu vas vite comprendre pourquoi on l'appelle courge spaghetti!

Servir seul ou avec de la sauce.

Si tu ne prévois pas *frencher* dans la soirée, essaie avec du beurre à l'ail.

Rémoulade

Sais-tu à quoi ça ressemble un céleri-rave? Non, ce n'est pas un céleri qui danse toute la nuit, mais bien une variété différente. Méconnue au Québec, la rémoulade est un véritable classique de la gastronomie française. Un peu comme notre *cole slaw*, elle est parfaite pour accompagner pratiquement n'importe quel plat.

Pour ceux qui veulent s'épargner le dilemme entre «crémeuse» ou «traditionnelle»:

1 céleri-rave coupé en mince julienne (le plus mince, le mieux)

50 ml (3 c. à soupe + 1 c. à thé) de mayonnaise

sel, poivre au goût

Cuire le céleri-rave dans l'eau bouillante environ 1 minute et le laisser refroidir.

Dans un bol, ajouter la mayonnaise, assaisonner et mélanger.

Servir avec de la volaille ou du poisson.

Le céleri-rave peut aussi être apprêté en purée (voir recette de purée de panais, page 164) ou encore en bâtonnets frits (voire recette de frites de betteraves, page 172).

VANS
"OFF THE WALL"
I'M WITH
STUPID

L'anarchie culinaire selon
Le Chef
Bob
LA REVANCHE

Purée de panais

Question d'éviter d'avoir l'air épais, sache que le panais n'est pas une variété de carotte albinos... De tous les légumes racines, c'est mon préféré, car son goût est riche et sa texture intéressante.

Pour une purée *underground* :

- 4 à 6 panais coupés en rondelles
- 50 ml (3 c. à soupe + 1 c. à thé) de beurre
- sel, poivre au goût

Dans une casserole avec de l'eau froide, déposer les panais coupés, allumer le rond et amener à ébullition, puis laisser cuire jusqu'à ce qu'ils soient tendres.

Égoutter et réduire en purée lisse à l'aide d'un mélangeur à main tout en ajoutant le beurre.

Assaisonner et servir.

Bien que le goût soit différent, on pourrait remplacer les carottes par des panais dans la majorité des recettes. On pourrait aussi remplacer le panais par des patates douces, du chou-fleur, de la courge musquée ou du céleri-rave.

Caviar d'aubergines

Sauvons les esturgeons! Y'a pas juste les hippies qui ont la fibre écolo, les épicuriens aussi... Du moins, ceux qui sont cassés comme moi.

Pour un caviar qui ne coûte pas la totale :

- 1 aubergine coupée en deux sur le sens de la longueur
- 4 gousses d'ail coupées en 2
- 100 ml (7 c. à soupe) d'huile d'olive ou végétale
- 4 branches de thym (facultatif)
- sel, poivre au goût

Faire une dizaine d'entailles dans la chair de chaque moitié d'aubergine et y insérer les gousses d'ail.

Asperger avec l'huile, ajouter le thym et assaisonner.

Remettre les deux moitiés d'aubergine ensemble et les emballer avec du papier d'aluminium.

Cuire à four préchauffé à 400 °F (220 °C) de 35 à 45 minutes.

En sortant du four, détacher la chair de la peau avec une cuillère.

Réduire en purée à l'aide d'un mélangeur à main et servir.

Pour le rendre plus *jet-set*, ajoutes-y une larme de champagne ou de mousseux.

Patates pilées

Bien que cette recette semble extrêmement simple à première vue, il faut de la pratique pour arriver à « accoter » celles de nos grands-mères. Bien qu'elles soient plus rapides à piler avec un mélangeur à main, je recommande d'utiliser le bon vieux pilon à main. Car si on les fouette trop, les patates relâcheront leur amidon et notre mélange risque de ressembler à de la colle.

Pour quatre personnes qui ont mal aux dents :

- 3 grosses patates épluchées et coupées en cubes
- 60 ml (1/4 tasse) de lait
- 30 ml (2 c. à soupe) de beurre
- sel, poivre au goût

Cuire les patates à l'eau bouillante.

Une fois cuites, les égoutter et les piler manuellement jusqu'à la consistance désirée (ça dépend si t'aimes les mottons), tout en incorporant le reste des ingrédients.

Ajoute du fromage en grains et de l'ail en pilant et ça devient des pommes de terre Aligoté ! Sers-la avec de la *gravy* et tu as une poutine pilée ! Avec des petits pois et du poulet, et tu as une galvaude ! On pourrait aussi remplacer les pommes de terre par des patates douces.

Épinards sautés à l'huile d'olive

Des épinards, ça ne va pas seulement dans une salade, même qu'en Europe, on les mange presque toujours cuits.

Comme Popeye et Olive

- 2 tasses d'épinards sans la queue
- 1 gousse d'ail hachée
- 50 ml (3 c. à soupe + 1 c. à thé) d'huile d'olive
- sel, poivre au goût

Dans une poêle à feu doux avec l'huile, faire suer l'ail.

Dès qu'il commence à colorer, ajouter les épinards.

Remuer, assaisonner et servir.

Je dis souvent qu'on peut remplacer l'huile d'olive par de l'huile végétale. Dans ce cas-ci, je recommande vivement l'huile d'olive, car, étant donné qu'on la cuit à feu doux, elle gardera son goût et ce sera meilleur.

Fenouil en chiffonnade

La chiffonnade n'est pas une recette à base de vieilles guenilles, mais bien une technique qui consiste à émincer un légume, ou parfois une viande, en lanières le plus fines possible. Elle peut se manger cuite en hiver ou crue en été.

Pour une salade sans chichi :

1 bulbe de fenouil
jus de 1 citron
sel, poivre au goût

Couper le bulbe de fenouil très finement.

Mettre dans un bol, assaisonner et asperger avec le jus de citron.

Le jus de citron est essentiel, non seulement pour le goût, mais surtout afin d'éviter que le fenouil ne s'oxyde (brunisse). Conserver les feuilles pour des marinades.

Champignons sauvages sautés

Il y a plein de variétés de champignons (pleurotes, portobello, de Paris, café, chanterelles ou magiques pour les plus excentriques); mais l'avantage, c'est qu'ils se sautent tous de la même façon.

Pour un *trip* de champignons dont tu vas te rappeler longtemps :

454 g (1lb) de champignons de ton choix
125 ml (1/2 tasse) d'huile d'olive ou végétale
30 ml (2 c. à soupe) de beurre
sel, poivre au goût

Dans une grande poêle avec de l'huile chaude, cuire les champignons sans les remuer pendant au moins une minute.

Remuer les champignons et poursuivre la cuisson jusqu'à ce qu'ils soient bien colorés.

Ajouter le beurre, assaisonner et servir.

Ne jamais laver les champignons à l'eau; simplement les essuyer à l'aide d'un linge sec ou, encore mieux, d'une brosse. De grâce, évite les champignons en conserve.

Choux de Bruxelles

Avant de crier chooouuuu, lis la liste des ingrédients, il y a du bacon dedans!

Pour faire avaler des légumes à des invités difficiles, sans devoir les menacer de les priver de dessert :

- une dizaine de choux de Bruxelles
- 5 tranches de bacon coupées en petits morceaux
- sel, poivre au goût

Couper une petite partie du bas des choux et faire une incision en croix dans le trognon (pour une cuisson uniforme).

Cuire les choux à l'eau bouillante jusqu'à ce qu'ils soient tendres, mais encore *al dente* (vérifie la cuisson en les piquant avec un couteau).

Entre-temps, dans une poêle, cuire le bacon et bien égoutter le surplus de gras.

Une fois cuits et égouttés, couper les choux en 2 et les faire revenir dans la poêle avec le bacon.

Assaisonner et servir.

Bien assaisonnés, les choux de Bruxelles sont aussi délicieux nature ou accompagnés de sauce béchamel et/ou de fromage fondu.

Chou-fleur gratiné

Les fleurs sont une bonne façon de courtiser ou de se faire pardonner par l'être aimé. Mais c'est grâce à mon chou-fleur gratiné que j'ai réalisé mes meilleures conquêtes et colmaté mes pires gaffes.

Pour le dire avec des fleurs :

1 chou-fleur défait en bouquets

100 ml (7 c. à soupe) de fromage parmesan râpé (un cheddar ou un mozzarella fera aussi la *job*)

sel, poivre au goût

Plonger les bouquets de chou-fleur dans l'eau bouillante et les cuire jusqu'à ce qu'ils soient tendres.

Les égoutter et les mettre dans un plat allant au four.

Saupoudrer de fromage et gratiner au four à « broil » 1 à 2 minutes.

Assaisonner et servir.

On pourrait ajouter de la sauce Mornay ou béchamel avant le fromage. Ou encore, remplacer le chou-fleur par pratiquement n'importe quel légume. Rares sont les légumes qui ne se gratinent pas.

Endives braisées

Les endives sont souvent boudées, car elles ont un goût très amer. Pourtant, elles sont délicieuses crues ou cuites, surtout si on les apprête en ajoutant un ingrédient sucré. Si tu n'as jamais essayé l'endive, fais comme Tintin, c'est maintenant ou jamais.

Pour toi et ta Castafiore:

- 2 endives coupées en deux sur le sens de la longueur
- 125 ml (1/2 tasse) de jus d'orange
- 30 ml (2 c. à soupe) de miel
- sel, poivre au goût

Dans un plat allant au four, déposer les endives.

Verser le jus et le miel et assaisonner.

Cuire au four préchauffé à 375 °F (190°C) 30 minutes environ.

On pourrait remplacer le jus d'orange par du jus de pamplemousse et le miel par du sirop d'érable.

Frites de betteraves au four

Qui a dit que les frites n'étaient pas santé? Ces frites sont tellement bonnes qu'on n'a même pas besoin de ketchup.

Pour manger des frites sans culpabiliser:

- 4 grosses betteraves coupées en forme de frites
- 100 ml (7 c. à soupe) d'huile végétale ou d'olive
- sel, poivre au goût

Blanchir les frites à l'eau bouillante environ 5 minutes.

Dans un bol, mélanger les frites avec l'huile, ainsi que le sel et le poivre.

Cuire dans un four préchauffé à 400 °F (200 °C) de 20 à 30 minutes.

On pourrait remplacer les betteraves par des patates douces, des navets ou des carottes.

Sauces et condiments

As-tu déjà goûté à un hot dog avec rien dedans ?

Les sauces et les condiments servent à rehausser les bons plats ou encore à masquer le goût d'une recette manquée ou peu savoureuse... Je mentirais si je disais que je fais toujours mes condiments moi-même. Sauf qu'une fois de temps en temps, je m'en fais une bonne *batch* et elle dure des semaines ! En plus d'économiser, c'est beaucoup plus savoureux et on se sent moins coupable de manger de la *scrap*.

Chutney à l'ananas

J'aurais aimé que ma guédille soit hawaïenne... Passe du rêve à la réalité.

- 1 ananas
- 1 oignon haché
- 2 gousses d'ail hachées
- 50 ml (3 c. à soupe + 1 c. à thé) d'huile végétale
- 250 ml (1 tasse) de sucre
- 1/2 litre (2 tasses) de vinaigre blanc
- 5 ml (1 c. à thé) de cannelle
- sel, poivre au goût

Éplucher et couper l'ananas en petits cubes.

Dans un chaudron à feu moyen, suer l'oignon et l'ail sans les colorer.

Ajouter les ananas et le sucre et laisser cuire en brassant environ 2 minutes.

Verser le vinaigre et assaisonner avec le sel, le poivre et la cannelle.

Laisser mijoter environ 1 heure ou jusqu'à ce que le vinaigre ait réduit complètement.

Servir sur du poulet ou, encore mieux, transformer des hot dogs en guédilles hawaïennes!

Ketchup

Un substitut beaucoup plus réaliste que la marque populaire pour le faux sang dans tes films d'horreur maison.

- 5 grosses tomates mûres
- 2 gousses d'ail hachées
- 250 ml (1 tasse) de cassonade
- 125 ml (1/2 tasse) de vinaigre blanc
- sel et poivre au goût

Enlever le pédoncule des tomates et les cuire dans de l'eau bouillante environ 30 secondes afin de les éplucher (on appelle ça monder ou émonder des tomates).

Couper les tomates épluchées en cubes.

Dans une casserole à feu moyen, suer l'ail environ 30 secondes.

Ajouter les tomates, la cassonade et le vinaigre et amener à ébullition.

Réduire à feu doux et laisser mijoter 45 minutes.

Assaisonner et conserver dans un pot Mason au réfrigérateur (se conserve au moins de 6 mois à 1 an).

Si tu préfères ton ketchup plus lisse, passe-le au mélangeur à main jusqu'à l'obtention de la consistance désirée.

Relish

Traditionnellement, la relish n'était pas servie avec des hot dogs, mais plutôt avec du tartare de bœuf. C'est fou comment ce condiment est passé d'un plat d'aristocrate à un mets d'aréna !

- 50 ml (3 c. à soupe + 1 c. à thé) d'huile végétale
- 1/2 oignon en petits dés
- 1/2 poivron rouge en petits dés
- 1 concombre en petits dés
- 60 ml (1/4 tasse) de cassonade
- 250 ml (1 tasse) de vinaigre
- sel, poivre au goût

Dans un chaudron à feu moyen, suer les oignons environ 1 minute.

Ajouter le poivron et le concombre et poursuivre la cuisson environ 1 minute.

Ajouter le cassonade et le vinaigre.

Laisser mijoter 45 minutes à 1 heure.

Assaisonner et conserver dans un pot Mason au réfrigérateur (se conserve au moins de 6 mois à 1 an).

Moutarde

Ne la laisse pas te monter au nez.

- 1/4 d'oignon haché
- 60 ml (4 c. à soupe) de vinaigre blanc
- 60 ml (4 c. à soupe) d'eau
- 60 ml (4 c. à soupe) de sirop de maïs
- 5 ml (1 c. à thé) de cari
- 60 ml (4 c. à soupe) de moutarde en poudre
- sel, poivre au goût

Dans une casserole à feu moyen, suer l'oignon sans le colorer.

Déglacer avec le vinaigre et l'eau, puis laisser mijoter environ 1 minute.

Ajouter le sirop de maïs, le cari et la moutarde en poudre.

Poursuivre la cuisson environ 10 minutes.

Broyer à l'aide d'un mélangeur à main.

Assaisonner et conserver dans un pot Mason au réfrigérateur (se conserve au moins de 6 mois à 1 an).

Pesto de coriandre

Y'a pas que le basilic italien qui fonctionne pour le pesto. Essaie avec du « persil mexicain », la coriandre.

- 1 bouquet de coriandre sans la tige, environ 60 feuilles
- 1 gousse d'ail hachée
- 1/4 de poivron rouge coupé en petits cubes
- 30 ml (2 c. à thé) d'amandes ou même d'arachides (facultatif)
- 125 ml (1/2 tasse) d'huile d'olive ou végétale
- sel et poivre au goût

Mettre tous les ingrédients dans un récipient et réduire en purée lisse avec un mélangeur à main.

Mélanger avec sa recette favorite de pâtes, viandes, volailles ou poisson.

Le pesto se conserve bien au frigo pendant 1 semaine, sinon au congélo pour 6 mois.

Coulis de poivron

Enfin du neuf pour accompagner tes grillades.

- 2 gros poivrons rouges
- 25 ml (5 c. à thé) d'huile d'olive ou végétale
- 1/4 de c. à thé de poivre de Cayenne (facultatif)
- sel et poivre au goût

Cuire les poivrons entiers au four à 500 °F (260 °C) environ 12 minutes.

Les déposer dans un bol, couvrir et laisser refroidir environ 10 minutes.

Éplucher les poivrons et enlever les pépins.

Déposer dans un récipient avec l'huile.

Réduire en purée lisse à l'aide d'un mélangeur à main.

Assaisonner avec le sel, le poivre et le poivre de Cayenne.

Servir en guise de condiment, de sauce ou même de vinaigrette

Tapenade d'olives

Une trempette grecque bien pénarde à préparer, et surtout, pas chère.

- 1 boîte de 340 ml (12 oz) d'olives noires dénoyautées et tranchées
- 1 gousse d'ail dégermée et hachée
- 25 ml (5 c. à thé) d'huile d'olive ou végétale

Déposer tous les ingrédients dans un bol et réduire en purée à l'aide d'un mélangeur à main.

Servir avec des légumes crus ou cuits, du poisson, des fruits de mer ou de la volaille.

Sauce tartare

Contrairement à ce que son nom pourrait laisser croire, cette sauce ne se sert PAS avec du tartare.

- 125 ml (1/2 tasse) de mayonnaise
- 45 ml (3 c. à soupe) de relish
- sel, poivre au goût

Déposer tous les ingrédients dans un bol et bien mélanger.

Servir avec des *fish and chips*, du poisson, des cuisses de grenouille ou même de la viande rouge, mais cuite !

Sauce Mornay

En bon français, c'est de la sauce béchamel au fromage. Si tu aimes ta sauce plus épaisse, mets moins de lait, si tu l'aimes plus liquide, mets-en plus.

- 15 ml (1 c. à soupe) de beurre
- 15 ml (1 c. à soupe) de farine
- 500 ml (2 tasses) de lait
- 250ml (1 tasse) de fromage râpé de ton choix
- sel, poivre au goût

Fondre le beurre dans un grand chaudron, à feu moyen.

Ajouter la farine et bien mélanger afin de créer une pâte (un roux).

Monter le feu à maximum et incorporer le lait graduellement, tout en fouettant jusqu'à l'obtention de la consistance désirée.

Ajouter le fromage et continuer de mélanger jusqu'à ce qu'il soit fondu.

Rectifier l'assaisonnement et servir sur du poisson ou des légumes.

Sauce cocktail pour crevettes

Tsé, la fameuse sauce qu'on met dans le milieu des couronnes de crevettes.

- 100 ml (7 c. à soupe) de ketchup
- 15 ml (1 c. à soupe) de moutarde forte
- 30 ml (2 c. à soupe) de raifort mariné (disponible dans toutes les épiceries)
- sel, poivre au goût

Dans un bol, mélanger tous les ingrédients.

Servir dans des coupes à martini, de préférence, avec des crevettes ou tout autre type de fruits de mer.

Sauce aïoli

Pimp ta mayo!

- 125 ml (1/2 tasse) de mayonnaise
- 2 gousses d'ail finement hachées
- 15 ml (1 c. à soupe) de paprika
- 1 échalote verte ciselée
- sel, poivre au goût

Déposer tous les ingrédients dans un bol et bien mélanger.

Servir avec des fruits de mer, du poisson ou un steak et des frites.

SAUCE
BARBECUE
à la bière
SAUCE
Teriyaki
Trempette
Ranch

Sauce barbecue à la bière

La modération n'a pas toujours meilleur goût…

- 3 gousses d'ail hachées
- 1 bouteille de bière
- 120 ml (8 c. à soupe) de ketchup
- 60 ml (4 c. à soupe) de moutarde de Dijon
- 60 ml (4 c. à soupe) de miel
- 15 ml (1 c. à soupe) de sauce soya
- 10 gouttes de sauce Tabasco
- sel, poivre au goût

Dans une petite casserole à feu moyen, suer l'ail sans le colorer.

Déglacer avec la bière.

Ajouter le reste des ingrédients.

Laisser mijoter jusqu'à la consistance désirée (environ 15 minutes).

Servir sur des côtes levées, des burgers, du poulet ou toute autre viande que l'on grille.

Sauce teriyaki

Pour ajouter une touche asiatique à un plat qui ne l'est pas.

- 60 ml (1/4 tasse) de miel
- 60 ml (1/4 tasse) de sauce soya
- 2,5 ml (1/2 c.) à thé d'huile de sésame
- sel, poivre au goût

Dans un bol, mélanger tous les ingrédients.

Assaisonner et en faire une marinade pour de la viande ou une trempette à *egg rolls*.

Trempette Ranch

Pour tes salades ou des trempettes, cette recette te servira toute ta vie.

- 125 ml (1/2 tasse) de crème sûre
- 125 ml (1/2 tasse) de fromage cottage
- 3 gousses d'ail hachées finement
- 5 ml (1 c. à thé) de paprika
- 5 ml (1 c. à thé) de persil
- sel, poivre au goût

Dans un bol, mélanger tous les ingrédients.

Servir avec des crudités, de la salade ou même pour accompagner un steak.

Caramel

Il y a plusieurs méthodes pour faire du caramel, la traditionnelle et la paresseuse. À toi de choisir celle que tu préfères, ou selon qui tu reçois à manger...

La traditionnelle

250 ml (1 tasse) de sucre

30 ml (2 c. à soupe) de beurre

250 ml (1 tasse) de crème 35 %

Dans un chaudron à feu moyen, fondre le sucre en le mélangeant avec une spatule de bois jusqu'à ce qu'il soit brun clair.

Ajouter le beurre et continuer de mélanger jusqu'à ce que le beurre soit fondu.

Verser la crème et faire attention de ne pas éclabousser, car c'est extrêmement chaud et ça colle.

Laisser mijoter quelques minutes.

Servir avec de la crème glacée, des fruits frais ou directement à la cuillère.

La paresseuse

1 canne de lait condensé

Dans un grand chaudron rempli d'eau bouillante, déposer la boîte de lait fermée et laisser mijoter 3 heures à feu doux et à découvert.

Retirer la boîte, laisser refroidir et ouvrir.

Servir avec de la crème glacée, des fruits frais ou directement à la cuillère.

Sauce au chocolat

En accompagnement, on l'appelle sauce, mais seule à la cuillère, on l'appelle la magnifique.

- 100 g de chocolat (70 % de cacao minimum)
- 25 ml (5 c. à thé) de sucre
- 75 ml (5 c. à soupe) de beurre
- 75 ml (5 c. à soupe) de crème 35 %

Déposer un bol sur une casserole d'eau bouillante afin de créer un bain-marie.

Y fondre le chocolat et le beurre à feu doux. L'eau du bain-marie ne doit pas bouillir.

Une fois le chocolat fondu, ajouter le sucre et la crème.

Servir avec de la crème glacée, des fruits frais ou directement à la cuillère.

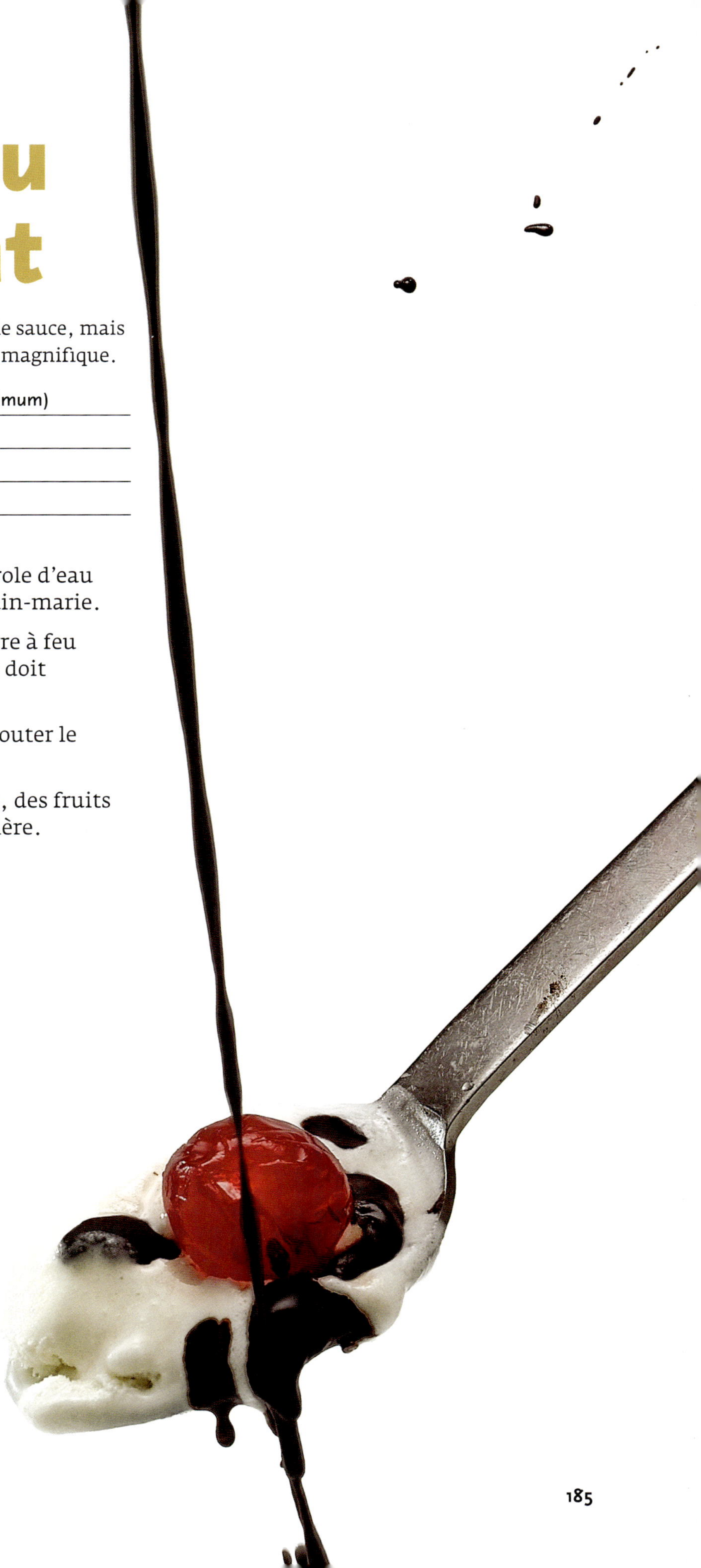

L'anarchie culinaire
selon
Le Chef
Bob
LA REVANCHE

VANS

Index

Pas d'Hydro, pas de problème
(Recettes sans cuisson)

Grille-toi z'en un
(Recettes pour le barbecue)

Faire pousser de l'herbe

La semaine avant la paye
(Recettes économiques)

Le jour de paye
(Recettes des jours gras)

Les escortes
(Recettes d'accompagnements)

Sauces et condiments
(Recettes maison)

CAS SE

Assaisonements clés

Céline Godin

Cynthia et Elvis Penny

Alexis Brault

Mathilde Pigeon

Daniel Mathieu

Yanick Nolet

Guy Lévesque

Louise Caron

Éric Moineau chez la boucherie Claude et Henri

Carl Brosseau

Resto Misto

Boutique Logo Sports

Cynthia Couture chez La clinique de la casserole Delmar

Igor Brotto

Josée Godin Hudon

Antoine Asselin

Bobby Gascon chez Vans

Stéphanie Tremblay chez la poissonnerie Norref

François “Frenchie” Dupré

L'anarchie culinaire
selon
Le Chef
Bob
LA REVANCHE